Sur Stendhal

essentiel

Pierre Barbéris

Sur Stendhal

messidor
éditions sociales

Maquette couverture :
Les 4 cavaliers, François Féret.

SOMMAIRE

On trouvera ici reproduits les textes de présentation des *Œuvres* de Stendhal publiées en 1975 au Livre Club Diderot. Cette édition était depuis longtemps épuisée. On a reproduit également le texte de Stendhal *D'un nouveau complot contre les industriels,* qui est pratiquement introuvable en librairie. Enfin on a ajouté un texte-bilan, écrit aujourd'hui.

Cette réédition, à l'occasion de l'année Stendhal, est certes l'occasion de réfléchir sur bien des choses. En 1972-1973, lorsque nous avons élaboré, avec le Livre Club Diderot, une édition d'œuvres de Stendhal, le contexte avait ceci de très particulier : on était en pleine montée des partis de gauche unis autour du Programme commun de gouvermement. Le marxisme, et les politiques qui s'en réclamaient ou s'en inspiraient, bénéficiait d'une aura et d'une influence considérable, en relation avec la situation politique concrète, le jeu des forces, etc. Bref, le très ancien et très puissant courant « progressiste » semblait bénéficier d'une certaine euphorie. L'optimisme de certains passages qu'on va lire doit être référé à cette situation. Aujourd'hui, des choses ont changé. Une victoire politique a été remportée, mais pas dans les conditions où on l'envisageait en 1974. De plus de nouvelles interrogations se sont faites jour sur l'Etat, le Pouvoir, la place exacte du marxisme et de ses politiques dans la réalité contemporaine. L'effort d'analyse et de lucidité, l'effort d'explication demeurent choses urgentes, la bataille idéologique n'ayant pas cessé. Mais ce qu'on pourrait appeler un certain triomphalisme, certains modes d'assurance sont aujourd'hui, pour le moins, interrogés. Chose paradoxale : au moment où un pouvoir de gauche s'exerce dans le pays, l'hégémonie intellectuelle du courant progressiste apparaît, ainsi que l'autorité de ses propositions, comme relativement problématique. Il n'y a pas là de quoi désespérer ni se laisser paralyser. Il y a invite, au contraire, à reprendre, à creuser, à renforcer, à ne fermer les yeux sur rien, en somme à prendre le réel tel qu'il est, avec tout son inattendu, avec tous ses scandales. Dans cette voie, Stendhal a, sans aucun doute, montré le chemin. D'où cette relecture.

LIRE STENDHAL

1. Histoire et personnalité

Je prends ici le parti de présenter non tant un « choix » plus ou moins arbitraire d'œuvres de Stendhal que d'en proposer un ordre de lecture. Et cet ordre est délibérément politique.

Le cœur de Stendhal... Le moi de Stendhal... Oui, bien sûr, et comme pour tout écrivain. Il n'existe en effet aucune raison valable d'opposer la personnalité, sans laquelle il n'est pas d'œuvre originale, à la signification objective et scientifique de cette œuvre. Mais pour Stendhal, depuis un siècle qu'on l'a découvert, on en a tant parlé de ce cœur et de ce moi que l'opération apparaît suspecte. Qu'a-t-on voulu cacher ? Silence sur la machine à vapeur dans *Armance*. Silence sur la nature vraie des rapports de classes dans tous ces romans. On nous a assez fait le coup du « génie » de Balzac, comme pour faire disparaître derrière quelque mystérieuse opération de l'imagination et du tempérament ce que *La Comédie humaine* a dit et montré. Pour Stendhal c'était son « cœur ». Mais ce cœur n'y gagnait rien. Car un cœur, une personnalité sont dans l'Histoire et tout, dans leur profondeur, dans leur secret, dans leur unicité, signifie dans et par rapport à l'Histoire. Lorsque le tout jeune Henry Beyle, réglant ses comptes avec un père exécré (et exécrable), avec la tante Séraphie et l'affreux abbé Raillane qui ont empoisonné son enfance, saute de joie à l'annonce de l'exécution de Louis XVI (ces bourgeois sont royalistes et dévôts, entichés de prétendue noblesse !), n'est-on pas *à la fois* dans le plus profondément personnel (qui intéresse bien entendu la psychanalyse) et dans le plus fortement historique, dans le plus profondément politique (qui intéresse la science sociale) ? On est en train, dans la critique d'aujourd'hui, de dépasser le vieux conflit : la chaîne des frustrations (la « psychologie ») n'est pas séparable de la chaîne des aliénations (la « sociologie »). La mère est morte en couches alors que le jeune Henry a sept ans. La mère à jamais perdue. *Mais aussi,* très vite, la Révolution et la liberté à jamais perdues. Au profit des nouvelles féodalités et des nouvelles tyrannies bourgeoises. La bourgeoisie montre peu à peu son vrai visage. Henry Beyle a vécu cela au plus profond, alors qu'il ne se doutait pas encore de ce qu'était la politique. Lire la politique de Stendhal c'est lire le cœur de Stendhal. Et si l'amour est faux, faussé, impossible, c'est que tout est gangrené par la vanité, le culte de l'apparence et des fétiches. On ne perd pas le cœur de Stendhal à lire sa politique. On le trouve, on le lit enfin tel qu'il est et tel qu'il signifie. Ce n'est pas la conscience des hommes, dit Marx, qui détermine leur être ; c'est inversement leur être social qui détermine leur conscience. Et Politzer : la psychologie n'a pas le secret de l'Histoire pour la simple raison que ce secret n'est pas psychologique. Lucien Sève ajoute — et cela est capital — : impossible de fonder la science de l'Histoire sans fonder du même coup la théorie de la production historique des individus. Oui, tout se tient. On risque fort de perdre l'Histoire à ne considérer que la personnalité. On trouve sûrement la personnalité plus complète, plus forte, plus vraie, à considérer l'Histoire en sa totalité, qui inclut le personnel et le commande, mais aussi où le personnel, et notamment par l'écriture, travaille et contribue à façonner cette totalité. Ici se pose le problème du roman.

Voulant écrire le monde et s'écrire lui-même, Henry Beyle, qui devait publier sous le pseudonyme de Stendhal, a voulu commencer et a commencé par tout autre chose que le roman qui devait le rendre (tardivement) célèbre et à quoi il convient de ne pas le limiter. Il méprisait assez le genre, alors « bas » malgré quelques grands modèles et quelques grandes réussites (Richardson, Rousseau, Fielding, Goethe, Chateaubriand) et qui, au niveau de sa production de masse, était assez l'équivalent de notre presse du cœur. Le roman, disait-il, était bon pour les marquises et les femmes de chambre. Mais le roman, à partir d'un certain moment et pour des raisons que l'on peut aujourd'hui comprendre, s'est imposé comme une forme supérieure et nécessaire. Les essais et les pamphlets qui précèdent *Armance* (1827) ne sont nullement des annexes et l'œuvre romanesque future, mais des jalons qui y conduisent de manière à la fois libre et impérieuse. La réaction de Stendhal à la société nouvelle qui se met en place après la chute de l'Empire, sa réaction à la manière dont on peut et doit vivre dans cette société, en ce qu'elle a de clair et de voyant comme en ce qu'elle a encore d'obscur et d'encours, s'écrit d'abord en un discours non romanesque d'analyse et de description qui trouve vite ses propres limites. *De l'amour* (1822), *Racine et Shakespeare* (1823) et *D'un nouveau complot contre les industriels* (1825) sont fortement ancrés dans la vie personnelle de l'auteur et dans l'analyse sociale, des textes sans lesquels ne se conçoit pas la décision prise en 1826 d'écrire un

Roman. Dans *Racine et Shakespeare,* Stendhal pose le
problème : quelle littérature pour le monde moderne ?
La réponse viendra bientôt, inattendue, et dont le sens
est bien plus que littéraire : politique. *De l'Amour,
Racine et Shakespeare, le Nouveau Complot, Armance*
et *Le Rouge* constituent l'essentiel de la réaction de
Stendhal à la Restauration : le conflit violent, apparent, est celui qui oppose les royalistes aux libéraux qui
parlent pour le peuple et se veulent le peuple ; mais les
libéraux sont la bourgeoisie d'argent, en plein essor,
qui nécessairement élimine ou marginalise le peuple et
les intellectuels. D'où un vacillement du conflit : les
intellectuels et les pauvres s'éprouvent et se définissent
certes contre les royalistes nostalgiques de l'Ancien
Régime, mais aussi et de plus en plus contre leurs
véritables adversaires, qui disposent de la force vraie :
les « industriels ». M. de Rênal, dans *Le Rouge,* sera à
la fois noble et industriel. Mais sur le fond de ce
changement capital les textes disent aussi une évolution
dans la manière d'être et d'agir : Octave, l'aristocrate,
s'ennuie et ne sait quoi faire de soi ; il finit par l'évasion
et par le suicide. Julien Sorel, lui, fils du peuple, n'a pas
le temps de s'ennuyer ; de toutes ses forces il veut
changer sa vie ; et il fonce. C'est que Stendhal a
découvert l'énergie populaire et c'est aussi que, dans les
mois qui conduisent à la Révolution de Juillet, l'atmosphère est à la lutte. Les lendemains seront douloureux,
mais n'importe. Ces textes traduisent une prise de
conscience neuve, un combat en train de changer d'axe
et de nature, et dont on peut croire, un moment, qu'il
est susceptible de conduire à des victoires.

Après la révolution de 1830, les aristocrates et les
ultras ne comptent plus. A Nancy (*Lucien Leuwen*), ils
boudent et frondent le gouvernement, mais sans le
menacer réellement. Par contre, la bourgeoisie victo-
rieuse se démasque. Elle pourchasse les républicains,
sabre les ouvriers qui tentent timidement de s'organiser
en mutuelles (les syndicats ou « coalitions » sont interdits), et le conflit oppose désormais à cette bourgeoisie
un peuple qui n'est pas encore le prolétariat ; les jeunes

intellectuels sont poussés de son côté, mais dans la plus grande confusion. Et c'est à nouveau l'ennui : que faire. Que faire de soi ? Lucien Leuwen est républicain et par là il se distingue d'Octave. Mais il n'a ni les motivations plébéiennes de Julien ni ses illusions d'ambition et de lutte. Il sait que tout est piégé. Il ne peut croire à rien. Il tourne à vide. La satire du régime est terrible. Mais Stendhal lui-même ne peut plus lancer son roman contre la société, et il abandonne *Lucien Leuwen* « à cause de la police ». Il écrit alors *La Chartreuse de Parme,* roman d'évasion vers l'Italie et les souvenirs de la révolution française, vers l'âge d'or. C'est la réaction de Stendhal, par deux fois et de deux manières, à la monarchie bourgeoise.

De 1820 à 1840 on a ainsi les éléments continus d'une fresque historique, politique, idéologique. Stendhal a certes écrit bien d'autres choses. On a cherché à mettre ici en évidence dans son œuvre une image cohérente et suivie de vingt années décisives d'histoire française.

2. D'une certaine expérience et d'une certaine vision du monde

Le Stendhal romancier que l'on connaît aujourd'hui est né, à plus de quarante ans, d'un homme, Henry Beyle, qui avait été bien loin de s'imaginer qu'il serait un jour l'auteur de ces récits qui lui ont fait prendre place à la suite de ces romanciers qu'il admirait : Rousseau, Richardson, Goethe. Homme d'action (soldat, administrateur, ayant admiré puis critiqué l'Empire, parce que, si la bravoure militaire, le sens de l'efficacité, la promotion de l'énergie lui paraissaient des choses capitales, il ne pouvait supporter de voir se mettre en place une nouvelle société de carrières, de castes, d'envies et de préjugés), amoureux, intellectuel, voyageur, jamais riche mais ayant toujours eu le minimum qui permette de vivre libre, polygraphe

dilettante, il avait intensément vécu, et beaucoup écrit
mais souvent un peu comme pour lui seul. Très jeune,
certes, il avait rêvé des succès au théâtre et donc de
succès *publics* : être Molière, Racine, Alfieri.
Comment en eût-il pu être autrement alors que le
théâtre était forme reine et pratique sociale vivante ?
Mais des romans... On en voyait bien l'importance dans
la société : quel amoureux — Stendhal l'a cent fois
remarqué — ne façonnait ses démarches et même ses
sentiments d'après les romans ? Et que lisaient — c'est
une autre de ses remarques les plus courantes —
marquises et femmes de chambre, tout ce vaste public
mystifié ? Oui, il y a loin d'Henri Beyle à Stendhal, à
M. de Stendhal, le pseudonyme bizarre (et provocateur ?) de consonance germanique et aristocratisé par le
de qu'il prit sous la Restauration. Sa vie nous est
abondamment connue par ses innombrables écrits
intimes qui sont à l'origine d'un véritable culte. Mais
c'est par son œuvre de romancier qu'il a agi et qu'il agit.
Ce qui n'empêche pas de poser la question : qui était-
il ? d'où venait-il ?

Il est né en 1783 à Grenoble dans une bourgeoisie
d'un type très particulier : une bourgeoisie déjà ouvertement réactionnaire. Dès avant la Révolution, on y est
riche, mais aussi royaliste, catholique-bigot et répressif,
du côté de l'ordre. On y est littéralement *affreux.* On y
persécute l'enfance. On y a horreur de la liberté.
L'abbé Raillane, homme noir, enseigne à son élève la
physique et l'astronomie comme si Galilée n'avait
jamais existé. Le père interdit à son fils la lecture des
philosophes, pour lui éviter de se corrompre, *et il le lui
dit.* La mère morte, le pouvoir est pris par la tante
Séraphie, la pire de la tribu. L'enfant grandit dans la
haine des siens et de sa classe. Les nouvelles de la
Révolution l'enchantent et il frémit lorsqu'il voit passer
les régiments. Seul le grand-père Gagnon, philosophe
éclairé, est une figure positive et chérie. Les Beyle ont
déjà fait leur révolution et chez eux on est déjà un peu
chez les Flaubert. Quelle différence avec les Balzac et
leur bourgeoisie encore mal pourvue, proche du peuple

par le père, conquérante, ouverte, progressiste, assoif-
fée de places et de réussite certes et déjà déchirée par
les conflits de l'argent et de la vie privée, mais un peu
bohême et toute tournée vers un avenir!... Et Henri
Beyle n'a pas même, comme le jeune Chateaubriand,
une ancienne France sur quoi rêver. Le paysage grenoblois est beau, mais chargé de nulle légende. Des
arrières coupés, donc, et rien qui le porte chez les siens.
Seule la Révolution...

La Révolution en effet le libère de multiples
manières. Il fait ses études à la nouvelle école centrale
de Grenoble dans une atmosphère laïque et pénétrée
de foi en la science positive. Il prépare Polytechnique.
Il ne songe qu'à échapper à Grenoble. Les nouvelles
carrières s'offrent à lui. Très tôt, il rêve d'être un grand
écrivain. Mais en secret. Il entre dans l'administration.
A la suite de l'armée, il fait la connaissance de l'Italie
qui le marquera pour toujours et qui sera sa seconde
patrie : terre du naturel, du bonheur et de l'art. Mais
l'Empire en évoluant lui apparaît comme une trahison,
et vite il note que « le temps est passé d'être républicain ». Pour Lucien Leuwen, ce temps ne sera pas
encore venu ; ce sera l'entre-deux stendhalien, l'entre-
deux du roman, entre la République perdue et la
République impossible. En attendant mieux, il continue à faire carrière, protégé par un grand commis de
l'Empire, son cousin Pierre Daru. Il voit Moscou. Il est
auditeur du Conseil d'Etat. En 1814, sa « carrière »
brisée, il s'enfuit de France et s'installe à Milan où il
restera jusqu'en 1821. C'est là qu'il se met vraiment à
écrire : des livres sur la musique, la peinture, l'Italie.
Mais cette période, gorgée d'opéra, est marquée par le
grand amour impossible pour Métilde Dembowski et
par des persécutions de la police autrichienne : il est
ouvertement libéral dans un pays où être libéral c'est
encore vraiment être pour la liberté ; cela se retrouvera
dans *La Chartreuse*. En 1821 il retrouve horrifié une
France bien différente — en pire — de celle de son
enfance et de sa jeunesse, une France profondément
marquée et différenciée par les « révolutions » qui se

sont succédées. Cette France est enfoncée dans la vanité et dans la respectabilité, déchirée par les luttes de partis qui ne lui disent rien, surtout pas cette « gauche » libérale qui est celle des hommes d'argent (il faudra bien de la naïveté à Julien Sorel pour lire *Le Constitutionnel* en cachette au séminaire ; Beyle explique, dans les reportages qu'il envoie aux journaux anglais, que le grand journal libéral, véritable « puissance dans l'Etat », est d'abord une excellente affaire pour ses actionnaires). A Paris, où il vivote, il fréquente des cercles de jeunes gens qui sont ardemment libéraux mais d'une autre manière, très opposés à la « gérontocratie » rescapée de l'Empire : le libraire Sautelet, ami de Balzac, Alberic Stapfer, Mérimée, Delecluze, dont le salon est un foyer de discussion et de pensée. C'est, en petit, un peu de cette « classe pensante » dont il sera bientôt question. Il publie, après quelques essais d'art et de tourisme, *Racine et Shakespeare, D'un nouveau complot, Armance, Le Rouge et le Noir.* Il attend, comme tout le monde, miracle de 1830. Mais c'est la foire aux places, la « curée ». Après avoir espéré une préfecture, il n'obtient qu'un triste poste consulaire à Civita-Vecchia, où il occupe ses loisirs à écrire l'histoire de sa vie : *Souvenirs d'égotisme* et *Vie de Henri Brûlard.* Déjà le retour en arrière. Il ne termine pas *Lucien Leuwen,* roman du présent immédiat (1832-1834), mais *La Chartreuse de Parme* (1840), qui le ramène à sa chère Italie, lui vaut un article retentissant du plus grand romancier vivant : Balzac. Il fait en France de longs séjours. Une attaque le foudroie en 1842. Il laisse de nombreux inédits qui seront publiés jusqu'à nos jours. En 1853 son cousin et exécuteur testamentaire donne la première édition de ses *Œuvres* (très incomplètes). A la fin du siècle, il est littéralement *découvert* par des esprits positifs comme Taine. Puis c'est le culte du « beylisme ».

Stendhal avait déclaré cent fois qu'il n'écrivait que pour le *happy few* (quelques lecteurs privilégiés) et pour l'avenir. Son succès ne devait réellement commencer qu'à la fin du siècle. De son vivant il n'avait eu ni

succès ni influence, ni, à plus forte raison, de légende.
On le disait homme d'esprit mais c'est tout. Quelle
différence avec ses grands contemporains ! Il n'a rien à
voir avec l'épopée romantique. De son vivant Henri
Beyle ne fut qu'un fonctionnaire et un homme de
plaisir, écrivain de contrebande. Il occupe aujourd'hui
une place maîtresse dans notre image du XIXᵉ siècle. Un
public nouveau le découvre. Il est souvent étonnamment proche de nous. Mais il faut apprende à le lire.

3. Politique et société
une image datée

Un romancier n'est pas un monsieur qui « met en
roman » des idées ou des principes. Comme on va le
voir, le roman, précisément, constitue par rapport aux
idées, et à la littérature d'analyse et d'idées, une
mutation capitale. Il n'en demeure pas moins que
Stendhal, auteur de romans, est un homme qui s'est
déjà fait une idée assez précise sur la France et sa
société. Que ces idées passant dans des personnages et
dans des situations subissent des transformations profondes, il est vrai. Elles n'en commandent pas moins en
partie le roman. Stendhal n'écrit pas sans penser. Dès
lors se justifie la question : que pense-t-il ?

Première idée : la France nouvelle n'est rien de
défini. Les Etats-Unis sont une démocratie, l'Angleterre a une solide tradition constitutionnelle, les puissances de la Sainte-Alliance sont des despotismes. Mais
« tout est incertain en France » et notre réalité ce sont
« les incertitudes dans lesquelles la révolution nous a
plongés ». Non seulement tout est récent, mais tout
semble transitoire ; seule une certaine forme d'individualisme, décevant et trompeur, caractérise fortement
la France nouvelle, pourtant née de l'enthousiasmante
Révolution. La France nouvelle n'est pas un pays de
caractères et de certitudes. La France n'a pas de style.

Beyle est surtout sensibilisé à cet aspect des choses
lorsqu'en 1821, retour d'Italie, il trouve son pays
plongé en pleine réaction (le ministère Villèle, en 1822,
après le ministère Richelieu en 1821, assure le pouvoir
à la droite pour des années...) sans que nulle part
n'existe vraiment une force de relève et de changement.
Tout est triste et tout concourt à la tristesse. Que faire ?
Et comment, et pour quoi vivre ? L'argent règne, et
avec lui la vanité, le culte de l'apparence et du paraître
qui fait que l'on n'éprouve aucune passion vraie, que
l'on ne sait pas être heureux. Le romantisme poétique,
avec son emphase et sa sensiblerie, avec aussi sa
marque de classe souvent (*René*, les *Méditations* sont
littérature pour jeunes aristocrates oisifs), non seulement le laisse froid mais heurte en lui le fils intellectuel
du XVIIIe siècle et de la Révolution. Il comprend bien
pourquoi ces jeunes nobles s'ennuient, comme tous les
jeunes gens depuis la chute de Napoléon (qu'a offert la
Restauration aux jeunes nobles sinon le plus triste
carriérisme ?), mais il ne saurait voir en eux une
humanité de relève. Il n'existe pour lui, dans cette
France triste et vulgaire, aucune force héroïque et
novatrice. Comme il hait par-dessus tout les bourgeois,
il s'ennuie, jusqu'au jour où il pensera découvrir,
quelque part, dans les secrets et dans les dessous de
cette société, des germes inattendus de vérité et d'énergie. Pour le moment, nul avenir, mais partout l'inquiétude d'une société qui n'a ni but ni valeurs. En 1739,
écrit-il, la noblesse n'avait pas peur, et le Tiers n'était
pas ambitieux ; « la vie s'écoulait doucement en
France » et, « à vingt ans j'aurais su ce que je serais à
soixante ». Paradis perdu. Et rien devant nous. Il ne
peut plus y avoir de naturel parce qu'il n'y a plus de
nature. Nous lisons, nous : la révolution bourgeoise a
brisé une société, elle n'en a pas créé une nouvelle.
Tous ses citoyens sont des Tantales, agités de désirs
impossibles à assouvir. La réussite même y est amère et
nul n'en est heureux. Une note du 28 mars 1821 résume
tout : « J'ai remarqué en entrant à Paris que les figures
étaient inquiètes et jalouses. Les figures me font naître

l'idée d'âmes qui sont toujours dans un état de désir qu'elles ne peuvent satisfaire. » C'est déjà, à la source, à la racine, la crise constitutive de la France bourgeoise. En l'absence de transformations révolutionnaires possibles, seul le monde romanesque constituera un recours possible. Il n'y a pas de bourgeois heureux. Et nulle part la moindre lueur de nouveau bonheur possible.

Maintenant, la Restauration, comme régime politique, la Restauration avec sa « morale des intérêts » dont parlait Chateaubriand, est-elle seule responsable ? Stendhal voit plus profond et plus loin que les formes et apparences politiques immédiates : n'est-ce pas Napoléon qui le premier a compris l'utilité du « sérieux » et d'un certain moralisme pour le despotisme ? N'est-ce pas Napoléon qui, le premier, s'est méfié des idées, du naturel et du plaisir ? N'est-ce pas avec la nouvelle société napoléonienne que s'est mis en place ce mode de vie décevant et faux ? La cause de tout est à rechercher dans le dérapage bourgeois de la Révolution et de l'Empire. Dès lors cette seconde idée : il n'y a plus de sacré.

Non par l'intervention du diable : si l'univers de Stendhal est profondément *laïc* c'est que, de par l'évolution même de l'Histoire, il n'y a plus de *valeurs* et qu'il n'y a plus que des *faits*. Cela peut avoir un sens progressiste et libérateur : règne de la raison et de la science. Cela peut avoir un sens destructeur : le Roi même, clé de voûte de l'édifice social et la Religion ne sont plus que des institutions, des simulacres. Il n'y a plus ni croyance ni enthousiasme. Que peuvent faire les grandes âmes ? C'est la troisième idée.

Stendhal dira plus tard dans *Lamiel* : « L'ennui, à cet âge, quand il ne tient pas à la souffrance physique, annonce la présence de l'âme » : l'ennui, de thème aristocratique oisif, devient un thème bourgeois et plébéien critique lorsque l'univers bourgeois se vide de son sens et de son intérêt. Entre le semi-ennui d'Octave et l'ennui pur, total, de Lucien Leuwen, il y aura toutefois l'énergie de Julien qui, un moment, croira possible d'enfoncer les portes des bastilles. Illusion de

Julien : l'énergie n'est possible, dans la France nouvelle, que par *moments*, et seul avec soi-même ; pour
l'essentiel la loi de la vie est bien l'ennui. *Que faire ?*
Avant que Lénine ne donne à cette question une
signification collective et révolutionnaire, le héros stendhalien la met au centre de tout, mais avec un sens
forcément individualiste. Il reste que cette question
individualiste décape et démystifie les prétentions de la
France nouvelle à avoir changé la vie et à lui avoir
donné un sens. Mort du sacré, mort du sens de tout,
règne des idoles et des fétiches. En langage stendhalien, règne du « paroistre », auquel Stendhal assigne
une lointaine origine précise : c'est dans la seconde
moitié du XVIᵉ siècle que la centralisation et la vie de
cour ont déraciné les individus et bouleversé les menta-
lités. Un décalage s'est produit entre la vie d'où l'on
vient et la vie qu'il faut mener. D'où l'effort sans fin
pour paraître autre et plus qu'on n'était, d'où le
déguisement, d'où l'emprunt d'armes pour réussir dans
un milieu artificiel. Il faut suivre le mouvement. Or ce
mouvement est décevant ; il n'apporte que satisfactions
fausses. Toute *La Princesse de Clèves* de Mᵐᵉ de La
Fayette (qui peint la cour de Henri II) vérifie cette loi :
c'est le règne de la magnificence (avoir beaucoup
d'argent et le dépenser sans mesure à fonds perdu) et
de la galanterie (prostitution des femmes qui cherchent
à s'assurer le pouvoir, et qui sont condamnées, pour
participer au nouveau pouvoir, à se vendre : promotion
mais aliénation). L'évolution de la monarchie et l'em-
bourgeoisement progressif de la société ont constam-
ment accentué le mouvement. La Révolution et les
débuts de l'Empire l'avaient interrompu : alors le
naturel et le sens du collectif l'avaient emporté. Mais
tout était retombé. Et l'on en est là, mais avec le
souvenir vivace de ces courtes années pendant lesquelles il avait fait bon vivre. *Le paradis perdu, ainsi, est
historique :* soit par exemple le lointain XVIᵉ siècle
« sauvage » dont rêvera Mathilde de la Mole, soit cet
intervalle de quelque dix ou douze années, entre la
chute des marquis et l'installation de la noblesse

impériale puis la revanche, après 1825, des ultras et des cafards que double la toute-puissance de la bourgeoisie installée. On est sérieux. Mais sérieux pour quoi ? Le sérieux moderne exclut le naturel et la poésie. Mais il exclut aussi le vrai sérieux, celui des jeunes gens instruits par exemple et qui voudraient bien que leur instruction serve à quelque chose. Ainsi toute une sociologie explicite commande les romans avant que ceux-ci ne lui donnent une force bien plus grande que les articles écrits pour des journaux et, bien entendu, les simples notes personnelles. Stendhal, cependant, ne passe pas des articles et notes au roman. Entre les deux se situe l'expérience et l'aventure des pamphlets : mise en forme plus rigoureuse d'une réflexion sur la société qui, découvrant ses propres limites, va conduire à une nouvelle expérience et à une nouvelle aventure littéraire.

4. De la représentation impossible à un nouveau mode de représentation ou du roman, du personnage, du lecteur et de son parti

Stendhal remarque de bonne heure que la littérature moderne et notamment sa forme alors la plus haute et demeurée vivante, la comédie, ne saurait plus représenter des *caractères* mais des *conditions*. Les « ridicules » aujourd'hui ne sont plus, comme au temps de Molière et de Regnard, l'avare, le joueur ou le distrait, mais le soldat, le prêtre, le politicien, l'ultra, « l'industriel », le jeune homme pauvre, quelqu'un que désigne sa place dans le fonctionnement social. C'est que, la révolution faite et retombée, l'aristocratie essayant une revanche et la bourgeoisie développant sa puissance, le peuple étant exclu de tout, le fonctionnement social est devenu plus clair. Mais dans la mesure même où elle se réfère à l'organisation économique et à la division du

travail, la nouvelle typologie littéraire proposée conduit
l'écrivain à affronter une autre réalité elle-même directement socio-économique : celle des divisions de la
société en *classes* antagonistes et donc en *partis*. Il y a
des partis dans la société du xıxᵉ siècle, mais ce ne sont
plus les partis du xvııᵉ, les cabales et les factions telles
qu'on les trouve chez les mémorialistes Retz ou Saint-
Simon ou chez la romancière Mme de La Fayette. On
voyait bien alors les chefs, les individus et même
quelques lignes de force du côté des vaincus : le parti
frondeur, le parti Fouquet, le parti janséniste avec leurs
complexes interférences et proximités (Alceste dans *Le
Misanthrope* tient assez visiblement aux trois à la fois,
et La Fontaine a écrit dans ses premiers livres de *Fables*
des « colbertades » qui devaient faire plaisir à bien des
gens et que l'on savait reconnaître). Les partis classiques toutefois n'ont pas une image claire et ne sont pas
ouvertement définis par leurs bases économiques et
sociales. Les romanciers d'ailleurs — c'est un signe —
s'y perdent et dans *La Princesse de Clèves* par exemple
on ne voit, pour expliquer les cabales, que rivalités
personnelles dans lesquelles les femmes jouent un rôle
aussi nouveau qu'inexplicable. On sait quelles difficultés on éprouve aujourd'hui pour discerner, pour établir
quels intérêts concrets se trouvent derrière ces diverses
manifestations ou persistances idéologiques, derrière
ces tensions d'un siècle dont les infrastructures sont
difficiles à lire. Il n'en va plus de même au moment où
Stendhal, en 1821, retrouve la France. La situation est
alors en apparence parfaitement claire : il y a le parti
aristocrate qui repose sur la possession de la terre et sur
l'utilisation, grâce à la Charte, d'une partie de l'appareil d'Etat (administration, budget) ; il y a le parti
libéral qui repose sur la richesse industrielle et commer-
çante et sur une pénétration profonde aussi, datant de
la Révolution et surtout de l'Empire, dans l'administration. La Banque, déjà, est un pouvoir considérable.
Dans le monde, il y a deux sortes de salons dont les
clientèles s'ignorent : ceux où l'on est admis parce
qu'on a de la naissance, ceux où l'on est admis parce

qu'on a de l'argent. Dès lors les partis ne relèvent plus d'une quelconque psychologie mais d'intérêts clairs, antagonistes, affirmés et qu'apprend à lire — il ne faut pas l'oublier — à tout un public la naissante science économique et politique et notamment Saint-Simon. En doublure ou en parallèle existent aussi des partis dans le monde littéraire et culturel ; mais ici la situation est moins claire, les rapports avec les intérêts et avec leur dynamique plus difficiles à établir : les libéraux, progressistes en politique, ne sont-ils pas classiques, c'est-à-dire réactionnaires, en littérature ? Et le romantisme, un certain romantisme qui est progrès, changement, nouveauté en littérature n'est-il pas la pratique et l'idéologie culturelle des hommes de droite ? Et le « romantisme » dont en 1823 Stendhal se fait l'apôtre dans *Racine et Shakespeare,* romantisme vrai, romantisme de gauche, nécessaire, désiré, n'est-il pas comme cette étoile ou cette planète qui devrait être là, quelque part, conformément aux calculs et qui n'y est pas, qui n'y est pas encore ? Il y a là un porte-à-faux à partir duquel on se pose des questions nouvelles. En tout cas ce sont des partis sociaux et politiques aux contours nets que découvrent, affrontent ou expliquent aussi bien le JE encore loin d'être romanesque des pamphlets *(Racine et Shakespeare, D'un nouveau complot contre les industriels)* que le héros du premier roman, Octave, dans *Armance.* JE, irréductible et porteur de qualité, ne trouve pas à se reconnaître dans le choix qui lui est proposé. Or JE ne saurait renoncer à lui-même. JE cherche son parti, ses frères, son avenir. Et donc sa politique ET sa littérature. Ainsi s'impose un premier bilan : la littérature, après la grande clarification de 1789 à 1820, est devenue naturellement et spontanément matérialiste dans la représentation, dans la lecture et dans l'écriture du réel social. Les oppositions politiques ou intellectuelles sont des superstructures qui correspondent à des infrastructures, les unes repérées et sans ambiguïté, les autres relevant de clivages qui ne sont pas encore évidents mais que l'on devine. Balzac écrira en 1831 qu'il y a des partis dans un Etat quand il y a « des intérêts contraires » en présence, mais les premières analyses de Saint-Simon, vers les années vingt, donnent une force théorique à ce que chacun alors constate et voit au niveau du réel le plus immédiat. Ajoutons que la problématique des *partis* est et demeure mobilisatrice, l'absurdité des prétentions ultra, surtout dans le contexte de réaction à partir de 1821/1822 (ministère Villèle), avivant la pugnacité libérale que ne peuvent ignorer le peuple, les intellectuels, les jeunes, tous les marginaux, tous les exclus : au séminaire le paysan Julien Sorel lit en cachette *le Constitutionnel,* journal de la gauche bourgeoise. Les partis ne sont donc pas des inventions du diable mais des réalités claires par rapport auxquelles on se définit et on s'éprouve.

Or voici qu'à deux reprises Stendhal, abordant la description du réel contemporain et cherchant à se situer dans les querelles qui y sollicitent les hommes et notamment la jeunesse et les intellectuels, cette double avant-garde, va buter sur une difficulté inattendue : le schéma, le système des partis officiels ne saurait rendre compte de la distribution réelle des forces et le JE pensant et écrivant ne saurait y trouver sa place. A contre B, B contre A, il y a un reste, un C qui ne sait où se mettre ni comment se définir et surtout *se dire.* Si A et B ont des partis, C, le tiers terme en dehors, en avant, est une voix qui parle, un JE mais qui écrit un peu dans le vide et le désert. Il trouve vite, il est vrai, un NOUS ; il est proche d'un NOUS, de toute une masse diffuse et confuse mais réelle qui ne se reconnaît pas en EUX : EUX, pour C, c'est A et B, A + B. Comment s'y reconnaître et avancer ? Car A et B, A + B c'est ultras et libéraux ensemble, constituant, bien qu'ennemis jurés, irréconciliables, le même parti. L'Histoire, rendue claire par la Révolution et la Restauration, est devenue *aussi* plus obscure et plus compliquée, par la Restauration, à la suite de la Révolution. Comment ? Pourquoi ? Il ne s'agit pas seulement d'allergies ou d'inadéquations individuelles, de positions personnelles à l'égard ou au-dessus des partis ; il s'agit du besoin et

de la recherche d'un nouveau parti, d'une redistribu-
tion, d'une ré-expression, d'une représentation des
forces réelles à l'œuvre dans le social et dans l'Histoire
dont on dirait aujourd'hui qu'elle est déchirée et
relancée par des contradictions nouvelles.

Premier symptôme (un rejet avant une recherche) :
les condamnations réitérées sous la plume de Stendhal
(voir l'avant-propos d'*Armance*) de la littérature satirique, d'allusions ou de personnalités. Cette littérature
dit Stendhal ne m'intéresse pas ; elle ne m'émeut pas ;
elle ne me parle pas. Pourquoi ? Parce qu'elle est une
littérature de la certitude. On peut faire de la satire
anti-ceci ou anti-cela, c'est toujours à partir d'une
bonne conscience ou pour y ramener. Cette littérature,
qui se prête à la maxime, au vers bien frappé, à
l'intrigue et à la pièce bien faites, est une littérature
digestive et distractive qui ne parle pas au cœur, une
littérature qui tourne trop bien. Exemple : la comédie
Empire, avec sa morale et ses dénouements qui retom-
bent sur leurs pieds, ou les romans à clés. Le but de
cette littérature (et son effet) n'est pas de donner une
image juste et émouvante, mobilisatrice du réel, mais
de faire reconnaître un adversaire chargé de tous les
péchés et de se valoriser soi-même. La littérature
satirique ou à clés est une littérature de clôture, qui
valide et justifie une idéologie dominante à double
composante, qu'elle soit libérale ou ultra. Mais de cette
clôture, JE, *littéralement* efficace et capable, s'échappe
pour s'affirmer avant que ne puissent le faire des forces
collectives *historiquement* efficaces et capables. Or
justement le monde littéraire est agité par la question
du romantisme. Dans *Racine et Shakespeare*, JE est pour
le romantisme. Et l'interlocuteur de JE, doublé par
NOUS qui est la jeunesse, est d'abord le passé noble,
les marquis frivoles de 1660 pour qui furent écrites les
pièces classiques. Or JE/NOUS a pour équivalent :

) Jeunesse
) Instruction
(Soif de vivre.

Il est donc radicalement en porte à faux avec le parti ultra, comme le connote par ailleurs la datation ironique : « l'an de grâce 1823 », comme si, en plein siècle nouveau, on pouvait encore dater les années dans le style de l'ancienne monarchie ! A première vue, les choses apparaissent donc simples. Les classiques font des tragédies non pour JE/NOUS mais pour EUX. Et EUX, ce sont les affreux réactionnaires aristocratiques. Il s'en peut, il s'en pourrrait conclure que le classicisme est la littérature des ultras ? Et que la gauche, en conséquence, est romantique ? Que les progressistes en politique le sont aussi en littérature ? JE/NOUS c'est le présent et l'avenir. EUX, c'est le passé. L'opposition politique et de génération semble donc devoir se doubler logiquement d'une opposition littéraire. Et la distribution suivante semble s'imposer :

en politique	JE/NOUS ≠ Marquis	en littérature	JE/NOUS ≠ Ultras

comme on a libéraux ≠ ultras. En conséquence les libéraux sont romantiques ? *Or ceci est faux.* Il apparaît bientôt en effet que le parti anti-romantique, anti-JE/NOUS, englobe *La Quotidienne* aussi bien que *Le Constitutionnel,* et le défenseur du classicisme, dans la seconde partie du pamphlet (Hippolyte Auger), sera 1º académicien, 2º libéral, 3º bourgeois...
On est donc conduit à repérer successivement :

I	conflit politique	Ultras ≠ Libéraux	II	solidarité culturelle	Ultras Libéraux

Il y a un conflit entre le romantisme et le parti antiromantique, qui est en apparence un parti littéraire et non un parti politique. Mais on remarque aussi que Stendhal, pour se faire comprendre, et parce que le romantisme est marqué à droite (romantisme aristocratique et catholique, alors Lamartine, Hugo, Vigny), emploie le mot de *romanticisme* au lieu de ce *romantisme* dans lequel JE/NOUS ne se reconnaît pas, de

même que, libéral, JE/NOUS ne se reconnaît pas dans
une certaine jeunesse libérale, égarée par la propa-
gande anglophobe de la « gauche » qui a sifflé les
acteurs anglais. Dès lors on a une série d'inadéquations :

JE/NOUS démocrate ne peut se reconnaître dans
    certaines manifestations du parti libéral
JE/NOUS romanticiste ne peut se reconnaître dans le
    parti romantique
JE/NOUS jeune ne peut se reconnaître dans une
    certaine jeunesse libérale

 Par contre il existe une solidarité ultras-libéraux-
jeunesse libérale contre romanticisme, c'est-à-dire
contre le vrai romantisme. Mais quelle solidarité
concrète (car il doit bien y en avoir une !) sous-tend
cette solidarité et définit *a contrario* la spécificité JE/
NOUS ? Quel est le parti de JE ? *Quel parti annonce et
exige NOUS ?* Et quel est le parti de ce EUX hostile ?
Une partie de la jeunesse a été égarée par la « gauche »
et le libéralisme dans des voies culturelles réactionnaires. D'où cette idée : *si elle a été ainsi égarée dans le
domaine littéraire, ne l'a-t-elle pas été dans le domaine
politique ?* En d'autres termes : la jeunesse est-elle à sa
place avec les libéraux ? Des implications politiques
apparaissent aussitôt comme conséquences des situations culturelles. Les deux camps sont donc redistri-
bués :

I-JE/NOUS II-
{ Ultras
Libéraux
Conservateurs
Vieux
Classiques
Une certaine jeunesse

et entre les deux flotte { romantisme
romanticisme

Il constitue un nouveau parti ultras-libéraux, dont les
bases ne sont pas claires mais qui, le texte le dit et l'écrit
en son mouvement même, existe et fonctionne. Mais

notre I ? Il n'est qu'un parti potentiel : la jeunesse telle qu'elle devrait être si elle se délibéralisait, si elle rompait avec ses abusifs maîtres libéraux. Mais ce parti ne peut avoir d'existence politique et historique. Tout ceci se précise : 1) la caution théorique du parti II, c'est la Harpe et l'esthétique du xvIIIᵉ siècle et le classique s'en prend à JE/NOUS qu'il désigne avec hargne : « Vous autres, philosophes modernes » ; 2) ce parti est un parti néo-féodal (intérêts, côteries, soutien des journaux). II constitue une bastille culturelle mais aussi politique. Et I apparaît comme rassemblant :

> JE
> NOUS
> Jeunesse vraie
> Sensibilité
> Romantisme vrai
> Gauche vraie

Or qu'est-ce que la gauche vraie ? Et en quoi la gauche existante est-elle une fausse gauche ? La gauche vraie, la gauche non libérale n'existe pas encore. Dès lors, ne pouvant se constituer en parti, I en reste nécessairement à JE-NOUS, anathématisés par II comme une force obscure et menaçante, au moins agaçante, mais sans force sociale et politique réelle. Condamné à la littérature II est anti-individu ; mais par là il est anti-NOUS et constitue JE-NOUS en force potentielle. Situation sans issue ? Non. *Car en l'absence d'une issue politique il y a une issue littéraire.* Stendhal s'essouffle d'abord à trouver des sujets pour le théâtre (Henri III, Henri IV, Louis XIII roi chevalier au pas de Suze) puis il trouve un *exemple* qui devient un *sujet,* et cette fois la modernisation est radicale et doublement :

« C'est ainsi qu'un jeune homme à qui le ciel a donné quelque délicatesse d'âme, si le hasard le fait sous-lieutenant et le jette à sa garnison, dans la société de certaines femmes, croit de bonne foi, en voyant les succès de ses camarades et le genre de leurs plaisirs, être insensible à l'amour. Un jour enfin le hasard le présente à une femme simple, naturelle, honnête, digne d'être aimée et il sent qu'il a un cœur. »

Car ce sujet n'est pas un sujet de théâtre : *c'est un sujet de roman* (très exactement, avec dix ans d'avance, celui de *Lucien Leuwen*) et ce jeune homme d'aujourd'hui, qui est JE-NOUS pour qui il faut écrire et qu'il faut écrire, implique et suppose un autre découpage, une autre écriture, un autre type de lecture. Voilà qui vaut mieux que l'*Eloa* du comte de Vigny aussi bien que les comédies du libéral M. Etienne, ou que les pamphlets de M. de Stendhal. Il suppose le temps, le plaisir d'écrire, le plaisir — à loisir — de lire. Sujet moderne. Sujet sérieux. Forme sérieuse. Non plus romanesque pour marquises ou femmes de chambre, romanesque facile, mais romanesque grave. Le nouveau héros de roman est né de l'impasse des idéologies et de l'impuissance des idéologies à dire le réel, et de l'impasse formelle qui traduit alors en termes littéraires cette impasse idéologique. Une idée revient sans cesse : la comédie moderne, le grand genre moderne, c'est le roman. Les preuves dès lors s'accumulent : un libéral, par exemple, est un homme riche qui prête à tous et même (ô horreur !) au roi d'Espagne : « *Refusez-lui votre estime ! Transformez vos comédies en roman.* » Qui refuse l'estime ? L'auteur. Mais aussi le héros. Qui transforme la comédie en roman ? L'auteur mais aussi, de l'intérieur, le héros. Le héros engendre sa propre forme. On notera que le héros JE-NOUS frappe peu, ou de moins en moins, sur sa droite et sur les marquis, et qu'il frappe de plus en plus sur les bourgeois, sur la vie bourgeoise, lieu de sa vie à lui, lieu où il souffre et se sent volé, pas à sa place. C'est que le vrai combat, le combat qui a un avenir est désormais le combat liberté-libéralisme, le combat vraie vie-vie bourgeoise, vie dans le monde moderne qui est la vie selon la loi bourgeoise et ses fétiches. C'est que l'axe et le lieu du combat se sont déplacés. Pour les libéraux classiques il n'y a pas d'idées nouvelles depuis 1789. Pour JE-NOUS il y en a. Lesquelles ? Et comment les dire ? Le « nouvel ordre de choses » est cette situation qui se définit par-delà les partis officiels. Une littérature nouvelle doit le dire. Dès lors l'offensive contre Auger est claire : c'est la première offensive sérieuse contre l'idéologie bourgeoise, et d'abord contre sa pratique et sa conception de la culture et de la littérature. Mais contre Auger on ne peut vraiment se battre qu'à coups de héros, non à coups d'idées. Au conflit du JE émigré ou fils d'émigré/académicien classique qui était le conflit d'hier (les bourgeois installés n'aimaient ni Lamartine ni Chateaubriand ni toutes les nouveautés, qui disaient des réflexes de classe, mais aussi le sentiment d'exil dans le monde moderne, l'impuissance de la société bourgeoise révolutionnée à intégrer l'individu) succède le conflit JE-NOUS/académicien libéral, et JE-NOUS a parlé spontanément en héros de roman et l'exemple proposé est celui d'une écriture ouverte. Le roman s'écrit, va s'écrire désormais contre la bourgeoisie, ses valeurs, ses pratiques et ses intérêts. Le roman, qui dit le problématique, s'inscrit dans un mouvement de dépassement des formes de la certitude et de l'affirmation. Il est une forme de recherche. Mais les choses vont apparaître avec beaucoup plus de netteté dans un pamphlet ouvertement politique : *D'un nouveau complot contre les industriels,* qui, tout en disant plus que le pamphlet littéraire, va tourner un peu court, comme incapable, à l'intérieur de sa propre forme, qui implique les conflits et une démarche critique claire, d'aller aussi loin qu'on le voudrait.

L'interlocuteur de l'industriel libéral (LUI ou EUX), JE, est d'abord simplement un voisin, ce qui connote bon sens et non-engagement, vue raisonnable et paisible des choses, réserve de la raison. L'industriel a bien dîné, ce qui, en 1825 dénote très précisément la collusion libéraux-ministres (on appelait *ventrus* les députés qui se vendaient au ministère ; les dîners ne sont pas seulement ceux que l'industriel a pu se payer, ce sont aussi ceux qu'il a acceptés du pouvoir, ce qui est un sujet de chanson de Béranger). Qui est ce voisin ? Comment est-il socialement situé ? Parce qu'il ne

« marche » pas dans les propos de l'industriel heureux et satisfait de lui-même, le voici accusé « d'aristocratisme » (ce qui ne suffit pas à expliquer le pseudonyme « *de* Stendhal »). Spontanément, et à partir de sa propre vision du monde et de ses problèmes, l'industriel renvoie au système manichéen libéral-ultra, dans lequel, on le sait, JE-NOUS n'a pas sa place. Mais aussi, l'accusation d'aristocratisme étant évidemment absurde, du moins si l'on donne à « aristocratisme » son sens étroit de classe, si on ne lui donne pas son sens large de qualité d'âme et d'esprit, si le voisin n'est ni libéral-industriel ni aristocrate, QUI et QUEL est-il ? On retrouve le JE-NOUS de nulle part, sinon d'un lieu à inventer, à écrire. Qui, de QUEL PARTI est ce voisin pour le moment à la troisième personne, personnage vu encore et, au début du pamphlet, non réellement assumé, semble-t-il, par l'auteur ? Mais voici que JE reparaît et s'explicite : « Moi qui ne suis ni riche ni noble je ne m'en trouve que mieux placé pour apercevoir le ridicule des deux camps opposés, l'industrialisme et le privilège. » JE est noble en ce sens qu'il est moralement propre. JE est industriel en ce sens que, écrivain, il vit de son travail. Mais, noble, il n'a rien à voir avec les marquis à privilèges et, industriel de l'esprit, il n'a rien de commun avec les industriels à profits. Des séries plus claires se constituent. On peut être :

$$\left\{ \begin{array}{l} \text{noble et riche} \\ \text{industriel et riche} \end{array} \right.$$

mais on peut être aussi :

$$\left\{ \begin{array}{l} \text{noble et non riche} \\ \text{industriel et non riche} \end{array} \right.$$

et l'on a ainsi deux ensembles, deux partis, l'un de fait, l'autre potentiel :

$$\left\{ \begin{array}{l} \text{1. riche/noble/industriel} \\ \text{2. non riche/noble/industriel.} \end{array} \right.$$

Mais dans l'ensemble 2, nécessairement, *noble* et *industriel* n'ont pas le même sens que dans 1. Il y a des

gens qui sont riches/nobles/industriels (cf. leur solidarité de fait déjà dans *Racine et Shakespeare* contre JE-
NOUS, et ici par les dîners). Il y a des gens qui sont non
riches/nobles/industriels. Mais de *quelle* noblesse ? De
quelle industrie ? On a avancé lorsqu'on a appris que le
voisin était un écrivain. C'est la littérature JE-NOUS
qui dit le droit (désintéressement, humanité, exercice
d'un métier) contre le parti de EUX, toujours le même.
Or ce parti :

> { Noble
> { Industriel

se définit par

> { privilège
> { industrialisme

JE-NOUS est donc *noble sans privilège* et *industriel
sans industrialisme,* le privilège étant — cette idée n'est
pas neuve — trahison et dégradation de la noblesse,
l'industrialisme étant — cette idée par contre est
nouvelle — *trahison et dégradation de l'industrie.*
Dans le champ apparent on a le conflit :

Nobles contre { industrie
{ JE

Dans le champ réel on a :

JE-NOUS contre { industrie
{ noblesse

et la double opposition de JE entraîne d'elle-même
l'équivalence révolutionnaire : industrie = (nouveau)
privilège c'est-à-dire aristocratie de l'argent et argent =
nouvelle féodalité. Deux idéologies se font face, mais
qui retardent sur l'évolution du réel. Liberté du libéralisme contre autoritarisme de l'aristocratie, mais entre
elles, et parce que justement le réel change, parce que
l'oppression majeure (et donc la mystification idéologique majeure) n'a plus sa source dans l'aristocratie mais
dans l'industrialisme capitaliste qui, d'instrument de
progrès et de liberté, devient pure machine à profit,
perce JE-NOUS qui va tenter d'élaborer sa propre

pratique, sa propre théorie du monde et sa propre écriture. Mais JE-NOUS ici franchit une étape : il appartient à ce que Stendhal appelle la *classe pensante*, c'est-à-dire l'ensemble, vague mais réel, de tous ceux qui ont assez pour vivre ou qui vivent, sans faire de profits, de leur travail et qui seuls accordent activité créatrice, liberté, progrès, sens de l'humain. Et comme les industriels, leur seule règle étant le profit, soutiennent à l'occasion les tyrans, on a deux séries :

I 〈 Industriels gagnant de l'argent
Industrialisme
Libéralisme (+ ultras, malgré les apparences) 〉

II 〈 Industriels pensants
Industrie vraie
Liberté 〉

Le conflit JE-Nobles pourra encore interférer dans la mesure où les nobles sont dans la colonne I (ils jouent à la Bourse, par exemple, l'indemnité qu'on leur a votée pour les dédommager de la vente de leurs biens pendant la Révolution) mais il cesse d'être premier, moteur. On a donc une série de trahisons et d'impasses et, plus clairement cette fois, deux partis :

I 〈 Industrialisme
Privilège
Libéralisme 〉   trahit   〈 Industriels
Noblesse
Liberté 〉

Contre ces trahisons JE-NOUS est :

II 〈 Noble (de cœur)
Industriel de l'intelligence
Démocrate 〉

Mais, si I est un parti concret, II n'est qu'une possibilité pour laquelle il faut — c'est un signe ! — créer un mot : *classe pensante,* de même que deux ans plus tôt il avait fallu créer *romanticisme.* Or s'il faut créer un mot c'est bien qu'une chose nouvelle existe. *Romanticisme* c'était romantisme remis à l'endroit, romantisme progressiste dans la culture comme dans la politique, et ceci *à la fois* contre les ultras et contre les libéraux. *Classe pensante* c'est intelligence et activité remises à l'endroit, industrie dans la culture comme dans la politique, et ceci contre les industriels bourgeois sans pour autant rejoindre leurs pseudo-adversaires ultras. *Romanticisme* et *classe pensante* se sont constitués contre le groupe conservateur. Mais comment *romanticisme* et *classe pensante* ne seraient-ils pas figures pour (et annonces de) la seule vraie force de relais et de progrès, alors muette et non constituée : le peuple, qui est et sera de plus en plus à la fois *industrie* (au sens classique de production, d'activité créatrice), *intelligence, liberté* ? *Romanticisme* et *classe pensante* ce sera bientôt dans le roman (conséquences et non applications mécaniques) soit des aristocrates qui recherchent la vraie noblesse, soit des plébéiens qui rejettent le libéralisme. C'est que :

— *le privilège trahit la noblesse* (Octave de Malivert, vicomte, refuse sa propre classe.)

— *l'industrialisme trahit l'industrie* (Octave, polytechnicien, refuse l'industrie selon les capitalistes.)

— *le libéralisme trahit la liberté* (Julien Sorel est haï et méprisé par les riches fabricants de toiles peintes de Verrières et par Valenod, pourtant d'origine plébéienne, autant qu'il est méprisé par les aristocrates ; et son principal adversaire, M. de Rênal, est à la fois aristocrate et propriétaire d'une fabrique de clous qui exploite les jeunes filles prolétaires de la montagne.) C'est que les trahisons sont malthusiennes :

> — le *privilège* empêche la vraie *noblesse*
> — l'*industrialisme* empêche la vraie *industrie*
> — le *libéralisme* empêche la vraie *liberté*

alors que le héros vrai cherche l'absolu, l'accomplissement, le total développement de soi et du monde, de soi dans le monde et par le monde. Le héros *noble, industriel et démocrate* va se constituer, se constitue déjà donc contre *privilège, industrialisme* et *libéralisme*. Tous trois sont des charlatanismes et le romantisme aussi. Ce qui peut se résumer de cette manière :

I	Privilège Industrialisme Libéralisme Romantisme (de droite)	II	Noblesse Industrie Liberté Romantisme (de gauche)
	S'enrichir !		Etre vrai et efficace (par exemple faire des canaux et des chemins de fer, exercer valablement sa science au service des hommes).

Mais II — c'est là, toujours, tout le problème — a-t-il une chance quelconque à court terme d'exister? Il n'existe en fait pour le moment que par quelques individus significatifs : Byron (noble), l'écrivain (industriel pur), Santa Rosa (patriote). *On va le faire exister par des héros de roman.* Courage, noblesse, pensée : ceci n'a pas de lieu collectif et la classe pensante est sans pouvoir, sans lieu, donc, sans existence en tant que force réelle. Elle n'existe que par un besoin. Et par un public. Dès lors on voit bien ce qui se passe : privé de perspectives claires, le pamphlet ne peut que tourner court, abandonnant au bout de quelques lignes cette forme simple du dialogue, pour chercher dans la prose analytique mais non encore narrative, une issue d'écriture et il va se poursuivre, se transformer, sous forme de romans. Le pamphlet est impossible, inécrivable, dès lors que le monde ne peut plus être coupé en deux camps clairs, dès lors qu'il existe un tiers terme confus mais réel, en avant, dès lors que la dialectique de l'Histoire et de la vie est repartie, dès lors qu'il ne s'agit plus d'appliquer un schéma mais d'exprimer une nouvelle contradiction vécue. Le pamphlet (Voltaire, et, juste avant Stendhal, le libéral Paul-Louis Courier) suppose une situation claire, un combat non douteux d'une vérité contre une erreur, chacune étant incarnée ou portée par des groupes humains ou par des individus non problématiques. Dès que les partis de deux deviennent trois, le troisième n'étant pas au milieu mais en avant, dès que les oppositions mécaniques ne marchent

plus, le pamphlet n'est plus possible et cède la place à
une forme plus complexe et plus riche qui ici dise, et
puisse dire entre et contre les rivalités dépassées, la
recherche, l'effort, le drame d'un individu à la fois
problématique et représentatif, à la recherche d'une
vérité que nul camp social ne saurait plus lui offrir. JE-
NOUS continuera longtemps à chercher un parti.
Lucien Leuwen dira en 1834 qu'être humain c'est un
parti : un parti sans adhérents, sans militants, sans
profiteurs, mais un parti, pour l'instant de lecteurs,
présents et à venir (c'est l'un des sens, sans doute le
plus intéressant, du *happy few*). Dire à quelles conditions, quand et comment JE-NOUS trouvera son parti
est évidemment une autre histoire, et qui nous condui-
rait à ces temps où, parce que des forces nouvelles se
sont levées et organisées, JE-NOUS peut n'être plus
seul. Ce temps-là, Stendhal ne le connaîtra jamais.
Mais le *happy few* deviendra large public, pour qui est
faite aujourd'hui cette édition, *nouvelle* dans plus d'un
sens du terme et d'abord en ceci qu'elle s'adresse non à
quelques amateurs choisis et spécialistes, sachant goûter une certaine et rare qualité mais à une humanité de
plus en plus consciente, de plus en plus nombreuse, qui
a vu *Lucien Leuwen* à la télévision (il n'y a plus pour les
mass media de *happy few*), pour qui il n'est plus du tout
d'aristocratie nobiliaire, pour qui il est plus que jamais
une féodalité de l'argent, mais qui sait ou du moins qui
peut savoir comment sortir de cette crise dont Stendhal
a donné une première lecture. C'est l'évolution de
l'Histoire qui a rendu possible et nécessaire cette
édition. Ce NOUS, c'est VOUS. C'est TOI. Le JE
stendhalien cherchait un NOUS. Ce NOUS désormais
existe, plus clairement et plus fortement qu'en son
temps, et porte un nom, est une force réelle. *La classe
pensante existe aujourd'hui :* elle est la classe révolutionnaire qui, avec ses alliés, a pris le relais historique
de la noblesse vraie, de l'industrie vraie et de la liberté
vraie, encore abstraites pour Stendhal. La lecture
nouvelle de Stendhal, par des milliers de JE, peut
aujourd'hui contribuer à ce que le nouveau NOUS se

renforce et s'élargisse encore. On n'est pas pour autant au paradis, dans un univers béni et sans problèmes. On est dans ce monde nouveau où la conscience sert de plus en plus à quelque chose, où l'action peut n'être plus décevante et dérisoire, mais fondatrice et civilisatrice. Les vrais lecteurs de Stendhal aujourd'hui sont les descendants à la fois de tous ces intellectuels du XIXe siècle, de tous ces écrivains qui, comme Stendhal, cherchaient comme ils pouvaient et avec les moyens du bord à se sortir d'affaire, et de ces ouvriers que Lucien Leuwen refusait de sabrer. A partir de là on peut mieux comprendre le sens et l'intérêt de ces deux grands romans dont il faut à présent parler que rien « normalement » ne laissait prévoir, et qui fixent l'image de cette lointaine (?) Restauration.

5. Personnages, mythes, symboles

Ecrire un roman en 1826... Lorsqu'on entendait faire grand, il y fallait un certain courage. Car qu'était-ce alors que le roman ? Il y avait, bien sûr, les grands ancêtres, les grands modèles, souvent réimprimés (Le Sage, Rousseau, Richardson) mais un peu lointains. Tout près il y avait le roman « romantique » d'inspiration monarchiste et religieuse (Chateaubriand, Nodier ; mais aussi toute une infra-littérature facile pleine d'exils, de guillotinades, d'urnes funéraires et de pleurs) : il commençait à dater sérieusement. Il y avait le roman noir (Radcliffe, Mathurin, Lewis), avec fantômes et souterrains : lui aussi avait terriblement vieilli. Il y avait le roman intimiste, souvent écrit par des femmes ; un peu fadement sentimental, il s'orientait quand même vers la peinture simple des mœurs modernes ; il manquait de force. Mais il y avait surtout le roman historique (Walter Scott), dont le succès et l'influence étaient grands. Ce roman avait de hautes ambitions : non seulement peindre l'histoire avec exactitude mais en fournir une explication, une « philosophie ». C'est le roman historique qui avait un peu sauvé le roman de sa réputation de frivolité. Stendhal lui faisait un reproche majeur (le même que Balzac) : il ne faisait pas sa place à l'amour et se privait ainsi d'un ressort dramatique et politique capital. Par là il marquait un recul sur le théâtre. Nulle part donc il n'y avait là de *modèle* possible. Quelques romans modestes, comme *Le Maçon,* de Michel Raymond, qui eurent du succès indiquaient bien une voie nouvelle : peindre les métiers et les conditions. Mais ils manquaient d'envol et se tenaient au ras de terre. En fait, il fallait satisfaire à deux exigences contradictoires : la sensibilité et l'exactitude. Stendhal adorait le « J'observais tout » de Mme de Merteuil dans une scène d'amour des *Liaisons dangereuses* de Laclos ; mais aussi il adorait le naturel et l'Italie. Dans la pratique romantique/libérale les deux termes étaient écartelés, les idées et les images inconciliables, les unes compromises par la gauche mais bourgeoise, les autres par le romantisme mais de droite. Le roman seul allait permettre, en unifiant de manière dynamique comme le verra si bien Balzac en 1840 à propos de *La Chartreuse,* la littérature d'idée et la littérature d'image. Une première démarche en ce sens n'était-ce pas de partir d'images exactes ?

Les deux romans écrits à la fin de la Restauration affirment clairement par leurs sous-titres leur ambition : *Quelques scènes d'un salon de Paris en 1827* et *Chronique de 1830*. Référence au théâtre réaliste immédiat dans le premier cas, référence à l'histoire elle aussi immédiate dans le second. Mais dans *Armance* on sort du cadre du théâtre (nombreux changements de lieux, promenades dans les rues et ailleurs, fuite au loin sur un bateau et mort en vue de la Grèce) et dans *Le Rouge* il y a plus qu'une histoire au jour le jour et l'accumulation de petits faits : cette chronique est aussi une analyse et un jugement, une vision qui se veut ample. Le parti pris descriptif et narratif réaliste situe ces deux romans par rapport aux romans hors du temps et hors de l'histoire réelle qui plaisaient au public des

marquises et femmes de chambre. 1827 et 1830 chez
Stendhal sont regardés en leur particularité : il n'y a
plus d'hommes ni de femmes en général mais soigneu-
sement datés et localisés, regardés au microscope.
Comme l'avait dit Stendhal à ses lecteurs anglais : il y a
la femme depuis la Charte. C'est pour Stendhal une
nouveauté. Lorsqu'en 1804 il notait pour lui dans ses
projets : « m'occuper tout de suite de l'analyse de
chaque passion », lorsqu'il s'intéressait au « langage
des passions », celles-ci n'avaient alors aucun enracine-
ment historique et social. Il s'agissait encore de
l'homme classique. Désormais, tout est daté, lisible par
la date. Molière avait fait de même en écrivant *Les
Précieuses ridicules.* Ce roman-là n'est plus romanesque
au sens courant du mot depuis longtemps : fantaisiste et
irréel. On trouve ici la couture avec les pamphlets :
Stendhal rompt aussi bien avec le style noble qu'avec le
style désintéressé. Et il écrit *naturellement,* sans essayer
de donner à sa prose une quelconque dignité poétique.
C'est là une autre rupture importante, avec l'emphase
romantique à la Chateaubriand. Ses modèles en la
matière, Stendhal les a indiqués lui-même : le *Code
civil* et la *Gazette des Tribunaux,* dont le style ne
déguise rien. A la même époque le romantisme se
drape encore, et pour longtemps, dans l'éloquence et
dans l'effet appuyé. On mesure mal aujourd'hui l'importance de cette révolution littéraire : Stendhal donnait à la modernité un caractère direct et *majeur.* La
prose n'avait plus honte. Comment, après ces romans,
supporter encore l'alexandrin ?[1] D'un roman à l'autre
la nature de cette modernité directe n'est cependant pas
la même. Dans *Armance* sont encore respectées cer-

---

1. La haine de Stendhal pour le style poétique tel qu'il se pratique
alors est insondable. On en trouve un remarquable exemple dans ce
qu'il dit de l'*Eloa* de Vigny : « ex-larme devenue ange femelle et
séduite par le diable lui-même [...] Cette larme qui est censée avoir
été versée par la Divinité fait l'amour avec le Diable et est conduite
par lui aux régions infernales dont elle devient la reine. » Et en
conclusion : M. de Vigny « a trop cherché l'inspiration dans le
fameux vin italien nommé lacryma christi ».

taines conventions. Comme si l'on cherchait à ne pas surprendre ni choquer le public. Le héros est noble et riche, distingué, alors que dans *Le Rouge* Stendhal se livre à une véritable effraction : le héros appartient au peuple, et, s'il est instruit, il est pauvre. *Armance,* malgré les écarts et les noirs accès d'Octave, demeure un roman mondain qui, du moins à première lecture, ne devait pas effaroucher les habitués qui pouvaient en grande partie s'y reconnaître. *Le Rouge,* lui, est un roman plébéien qui cependant devait être lu par le même public. Il serait absurde, bien entendu, de juger de l'intérêt d'une œuvre littéraire par l'appartenance de ses héros à telle ou telle classe sociale. Ce serait l'erreur populiste, la plus antidémocratique peut-être malgré les apparences. Ce qui compte c'est la nature des problèmes posés et celle des rapports analysés ou repérés. Il n'en demeure pas moins qu'avec *Le Rouge* Stendhal réalise une opération assez comparable à celle du cinéma réaliste de 1936 à 1939 : Renoir, Carné, Duvivier, en rompant avec le cinéma à chapeaux claques et habits de soirée ont alors traduit dans leur langage propre l'apparition de forces nouvelles sur la scène sociale. *Le Rouge* marque bien que le débat social et son lieu se sont déplacés. Les conséquences sont importantes.

Du même coup en effet, *Le Rouge,* par rapport à *Armance,* voit son univers s'élargir. Octave de Malivert fonctionne encore dans un paysage étroit : salons, jardins, et il ne parcourt pas grand espace sinon à la fin pour s'en aller et disparaître. Julien Sorel, lui, va de Verrières au Faubourg Saint-Germain pour revenir à Besançon : province, Paris, à nouveau la province. Et, dans sa province initiale, Verrières est fortement spatialisé et structuré : bord de la rivière et ville basse, avec les ateliers, les fabriques, les ouvriers ; ville haute avec les demeures des hautes classes, et tout au sommet la belle maison du maire. Verrières est un personnage du roman, avec son caractère et son organisation. Paris n'est certes pas vu à vol d'oiseau, comme cette cité fascinante et terrible, que Balzac le premier montrera :

Stendhal n'est pas un écrivain épique. Mais l'ensemble du roman est une sorte d'odyssée moderne avec périls, sirènes, épisodes, descentes aux enfers et combats singuliers. La leçon est importante : roman d'une seule classe, *Armance* est un roman de paysage étroit comme une tragédie. Tout y est fortement intérieur, les grandes actions rares. Roman des rapports et des luttes de classe élargis, *Le Rouge* est un roman panoramique. On a comme ouvert les fenêtres, et pas seulement sur la mer poétique qui cesse ici d'être nécessaire. Les jardins italiens auxquels le début fait allusion y servent d'ailleurs poétique, mais pour l'auteur, non pour le héros. La prise en compte de l'ampleur et de la complexité des rapports sociaux substitue le projecteur au scalpel. Dans *Armance* on ne voit que les aristocrates ; le peuple est absent ; les bourgeois libéraux seulement nommés en marge. La rançon à payer peut sembler parfois lourde : les moyens dramatiques, ne pouvant tenir aux conflits ni à la mobilité sociale, sont faibles et conventionnels (fausses lettres, par exemple, qui brouillent les amants ; rôle du traître joué par le commandeur). Dans *Le Rouge* les personnages sont très nombreux et les ressorts dramatiques naturels, la construction plus libre et sans qu'intervienne le moindre arbitraire. Le roman a du souffle et ce n'est pas seulement question de technique ou de métier : le réel entrant plus largement dans le récit lui fournit élans et mouvements, contradictions et inventions qui manquent encore à *Armance,* de construction plus intellectuelle et plus serrée mais finalement moins foisonnante et moins riche. Un roman ne saurait se réduire à son sujet : il est une série d'effets qui se peuvent tirer de sujets très différents. Il n'en demeure pas moins que le changement de sujet d'*Armance* au *Rouge* entraîne des conséquences importantes. Non seulement après une classe toutes les classes ; mais après l'ennui, après une énergie inutile et qui ne sait à quoi se prendre, un héros de l'anti-ennui, un héros qui n'a ni le temps ni la possibilité de s'ennuyer parce qu'il est du peuple, fils de menuisier, un héros de l'énergie apparemment sans problème et qui ne s'interroge que sur les moyens : le rouge ou le noir, l'armée (désormais impossible) ou l'église (toute puissante). Stendhal avait d'abord peint en Octave, le meilleur des cas de l'ennui, l'ennui critique, mais enfermé dans son propre cercle : Octave ne *fait* rien. Dans *Le Rouge,* on a le roman de l'entreprise parce que la nécessité vitale du héros est d'entreprendre. Sinon la mort, sous forme de sous-vie, de non-vie. Or l'entreprise du héros entraîne pour conséquence le roman entreprise. Tout se tient et tout avance du même pas et sur le même front. *Armance* manque de générosité : on n'y fait jamais l'amour et les gestes ébauchés ne s'y achèvent jamais ; la nuit de noces même n'est qu'une ruse. *Le Rouge* déborde d'amour : Julien et Mme de Rênal y abordent à des terres inconnues, et Mathilde même, si froide, connaît avec Julien ce que sa classe ne lui eût jamais fait connaître. Ce premier parcours stendhalien nous montre un homme de cœur mais aussi un esprit précis en train de se libérer, de transcender les interdits par l'écriture, d'élargir et d'unifier dans et par le roman un monde sec et divisé. Dans *Armance* la tendresse est fugitive et honteuse. Dans *Le Rouge* il lui arrive de triompher et d'envahir tout le champ du roman. L'humanisation, l'hominisation romanesque passe par une saisie plus large des rapports de classe. Dans *Armance,* la croix de diamant sur les seins de la jeune fille signifie que le bonheur est impossible, interdit, et la scène se passe près de ces orangers transplantés, symboles de l'impossible et de l'anti-nature. Dans *Le Rouge,* la beauté de Mme de Rênal puis celle de Mathilde ne sont barrées que par des tabous sociaux vite renversés dans la joie ou dans l'exaltation. Mme de Rênal et Mathilde, à la différence d'Armance, s'offrent et sont offertes par le texte et en s'offrant et en se donnant elles se trouvent. Les orangers d'*Armance* sont remplacés par le merveilleux jardin où Mme de Rênal voit Julien pour la première fois et par cette merveilleuse campagne de Vergy avec son été du bonheur et ses soirées infinies. *Le Rouge* est un roman de la liberté possible. On trouve ici, au cœur de l'image de l'Histoire, l'image de la femme. Et cela va loin : la femme y devient médiatrice ou agent de la liberté et elle trouve avec l'homme une profonde communauté que leur refuse ou reproche l'Histoire de fait. Ni Stendhal ni son roman ne sont bêtement « féministes ». Mais son roman, en avançant, lie profondément la femme et la liberté ; une femme qui n'est plus divisée en objet et madone, mais une femme unie, unifiée par l'amour. Or cette unification n'est en rien uniquement psychologique ; *il s'agit d'une unification politique :* Armance déjà, fille noble, trouve un ami, un frère, un camarade, un égal en Octave, noble en rupture d'idéologie noble en même temps qu'il refuse de servir les bourgeois ; on n'est pas loin de la République ; Mme de Rênal et Mathilde, ultras, aiment le charpentier Julien Sorel, qui pourrait un jour être un Danton. Ici encore la République n'est pas loin. Non pas la République formelle mais celle de la classe pensante et des gens de cœur. *Le Rouge,* roman de gauche, ou qui peut être lu comme tel, débloque *Armance,* roman sans perspectives d'action et qui fonctionne encore dans le pur univers tragique des interdits intériorisés. Il n'y a pas, dans le roman vraiment réaliste, de marche triomphale à la vérité. Mais il y a dégagement dialectique de vérités moins incomplètes, donc plus complètes. La joie stendhalienne c'est peut-être cela. La République, la liberté c'est nous deux et toi et moi, et vice versa. La mort peut venir, et la vengeance sociale : elles ne sépareront pas les couples qui se sont formés. Reste que cette joie ne peut pas ne pas être lue autrement que sur le fond exact des réalités sociohistoriques. Ici au fond, il suffit d'accepter de lire le texte.

Il est finalement normal que le roman stendhalien commence par *Armance :* l'aristocratie, en 1826-1827, est encore la classe dont les contours sont les plus nets et le pouvoir le plus voyant. C'est elle qui est en possession des grands prestiges sociaux : la bourgeoisie, elle, n'est pas encore constituée réellement en classe. Elle est encore diffuse. Seulement, les pouvoirs et le prestige nobles sont minés. Ils ne tiennent qu'à une revanche passagère et, dans les profondeurs, l'aristocratie fonctionne en fait selon les lois de la vie bourgeoise. Sur ce point *Armance* est un document d'un réalisme et d'une clairvoyance étonnante que confirme *Le Rouge* avec M. de Rênal aristocrate-industriel. Le mécanisme en effet est impitoyable : la noblesse, en 1826, ne peut faire ou refaire fortune qu'en se connectant sur le processus capitaliste qui conduit à sa propre disparition. Louis XVIII et Charles X peuvent bien distribuer faveurs et pensions, tout l'argent nécessaire en vient au circuit des affaires qui renforce la bourgeoisie, et les nouvelles richesses ne se constituent que sur une base de pratique bourgeoise. Le père de Mme de Chasteller, dans *Lucien Leuwen*, devra ses 25 000 livres de rente à une participation que Louis XVIII lui a fait avoir dans un emprunt d'Etat en 1817. Il n'y a plus de pureté aristocratique. Il ne peut plus y en avoir. Le noble d'autrefois, avec ses revenus, entretenait les troupes prêtes à servir le roi. Mais, comme le fait remarquer le marquis de La Mole dans l'épisode de la *Note secrète,* rien de tel chez les nobles nouvelle manière qui « dévorent » des sommes colossales du budget : ils n'ont que quelques valets et tout leur argent passe en jouissances inutiles. Comment, avec ces gens-là, refaire ou sauver la monarchie ? Les indemnités touchées au titre de la loi Villèle en 1825 sont jouées à la Bourse ou englouties dans des dépenses somptuaires, et le pouvoir qui monte à Verrières est celui des fabricants de toiles peintes (capitalisme familial). Est-on pour autant dans l'univers de l'industrie moderne ? Compte tenu de l'état réel de la France, il n'en saurait être question. « En 1760 il fallait de la grâce, de l'esprit et pas beaucoup d'humeur, ni pas beaucoup d'honneur, comme disait le régent, pour gagner la faveur du maître et de la maîtresse. Il faut de l'économie, du travail opiniâtre, et de la solidité et de l'absence de toute illusion dans une tête pour tirer parti de la machine à vapeur. Telle est la différence entre le siècle qui finit en 1789 et celui qui commença vers

. Il serait absurde de transformer Octave et
n héros prérévolutionnaire et de leur faire tenir
age qu'ils ne pouvaient tenir. Mais le texte du
lui, dans son ouverture stérile mais ardente,
fracture et dans son incomplet, dans son désir,
recherche de quelque chose qui devrait être
part mais qui n'y est pas, dans son refus des
s fausses et *happy end* rassurants, dans son
d'une crise, nous pouvons aujourd'hui le
er, le compléter, le faire parler. Nous? Qui,
es lecteurs. Non plus le HAPPY FEW mais le
Y MANY[1] que nous sommes devenus. Stendhal
et devait s'adresser à cette minorité présente et
Je peux ici, en proposant de lire et de relire
l, m'adresser et l'adresser non plus à des
s mais à des majorités nouvelles qui compren-
ieux comment tout ne s'est pas fait en un jour et
e ont pu jouer les écrivains sur le long chemin
a prise de conscience conduit, peut conduire, à
reprises et à des ambitions qui ne soient plus
ses.

mme toutes les présentations celle-ci, qui est relecture
-lecture, suppose plus ou moins la connaissance des
lont elle parle. C'est pourquoi le lecteur est invité à la
sr qu'il aura lu ou relu les textes de Stendhal qu'elle
mais aussi qui l'introduisent et qui en sont la
préface.

py few : l'heureuse minorité. *Mighty many :* le grand
uissant, les masses *capables* (traduction approximative).

1815. » (Avant-propos d'*Armance.*) Le roman préci-
sera encore qu' « aujourd'hui la machine à vapeur est
la veine du monde ». C'est là une *idée,* la perception
d'une transformation radicale en puissance. Seulement,
cette machine, elle n'est encore dans le roman que sous
la forme de cette idée, et la seule manufacture stendhalienne, la fabrique de clous de M. de Rênal, est mue par
la force hydraulique. Déjà est en cours le phénomène
de prolétarisation : les fraîches jeunes filles de la
montagne ont quitté leurs pauvres villages pour aller
vendre leurs journées quelques sous par jour dans la
fabrique du hobereau-maire. Mais dans sa masse la
bourgeoisie stendhalienne demeure une bourgeoisie de
banque, d'administration et de trafic d'influence (Valenod dans *Le Rouge*), et l'industriel Rênal est d'abord
essentiellement présent comme propriétaire terrien
vivant noblement. Socialement illusoire, l'aristocratie
demeure repère et modèle de vie. Mais repère et
modèle de vie au seul niveau du style et de l'apparence
et donc à leur tour illusoires. L'aristocratie en ce qu'elle
a de meilleur ne croit plus en elle-même. A preuve le
scepticisme et la frivolité des uns (Soubirane), l'aveu-
glement naïf des autres (M. de Malivert), voire la
dignité et le courage mais sans perspectives de quelques-uns (le marquis de La Mole). Mais surtout en
témoigne l'hémorragie morale au niveau de sa propre
jeunesse : Octave de Malivert et Mathilde sont des
jeunes nobles en rupture d'idéologie de classe. A
première vue Octave n'est qu'un oisif distingué. Mais il
est passé par Polytechnique (les grandes familles même
doivent ce sacrifice à l'ordre nouveau : le nom ne suffit
plus). La nouveauté majeure, l'intérêt toutefois c'est
que si Octave, héros noble, est « misanthrope avant
l'âge » et de style fatal c'est pour de tout autres raisons
que les héros nobles de la littérature romantique. Si
Octave s'ennuie, ce n'est pas parce qu'il est marqué par
les guillotinades et l'émigration mais parce qu'il
méprise un monde où règnent le carriérisme et l'argent.
Sa « profonde mélancolie » n'est pas une mélancolie
passéiste de classe mais une mélancolie moderne de

jeune homme qui ne trouve pas sa place dans le monde. Ses semblables de classe n'ont que de plates ambitions et ils rêvent de plates réussites. Son père et son oncle à eux seuls incarnent cette dégénérescence de classe. Deux exceptions, qui sont deux exceptions *féminines :* sa mère et sa cousine Armance en qui il se reconnaît et qui le reconnaissent. Les jeunes gens et les femmes sont dans le même camp aux contours flous d'une certaine vérité, antiaristocratique mais aussi antibourgeoise. Dès lors si Octave ressemble à un héros de Byron, s'il est un ange exilé ou un ange tombé, *et s'il cherche l'autre ange,* cela s'explique par le jeu complexe et moralement faussé des rapports de classe : les héritiers de la classe noble cherchent à rejoindre l'intelligence en marche. Quant à Mathilde, elle n'a que mépris pour la frivolité de son frère et de ses soupirants. Elle aussi cherche la vérité et l'estime, l'être vrai et l'être estimable *hors de sa classe.* On est ici au cœur d'un problème moral qui est évidemment un problème politique : de qui se faire reconnaître et estimer ? De nul groupe humain, de nulle classe sociale, mais seulement d'individus, d'autres individus de qualités, seuls juges, et seuls signes. La pire des catastrophes ce n'est pas de perdre l'estime d'une classe ou d'un groupe représentatif des valeurs morales (normalement représentées d'habitude par le père, le chef de famille, de race, de clan) mais de perdre l'estime d'Armance ou l'estime de Julien. Dans ce monde personne n'est estimable, personne n'a d'honneur en tant qu'appartenant à un clan, à un groupe. Mais il est des êtres d'exception, très rares qui ont de l'honneur et dont il faut conquérir l'estime. Il est capital que les êtres soient féminins ou que, s'ils sont masculins, ils n'aient rien de commun avec les soi-disant « hommes » déguisés de l'ordre établi.

Mais tout se complique et se creuse encore si l'on passe du côté de Julien. Son père(?), ancien ouvrier devenu petit patron, n'est qu'un grigou, un bourgeois par l'esprit et par les intérêts. Les fils plébéiens ne se reconnaissent pas plus dans leurs pères que les fils nobles, et si Julien cherche à se faire reconnaître c'est

par Mme de Rênal et par Mathilde, syn[...]tiques antilibéraux d'une *qualité :* Mr[...] aussi étrangère aux « affaires » de[...] Mathilde aux ambitions de son frère e[...] qui fréquentent son salon. Ici aussi un[...] contre-parti se cherche et se dessine[...] pas à dépasser les limites des relations[...] est le sens de l'échec de Julien. Octave[...] la vie ; Julien n'a rien. Aussi est-il a[...] s'aperçoit vite que l'ambition, la ré[...] peuses : elles ne font rien rejoindre e[...] ce qu'on était ; elles conduisent mê[...] l'estime de soi-même : dînant chez[...] s'aperçoit qu'il devra lui aussi payer[...] silence que l'on impose au pauvre[...] chant dans sa cellule troublait les con[...] lettre de Mme de Rênal à la fin du ro[...] qu'il est devenu. Il tire alors dans l[...] tend et où il découvre l'image affreus[...] n'est que dans sa prison qu'il s'aperç[...] c'eût été de vivre avec Mme de Rêna[...] tionnement » du héros dit bien que[...] réussite dans le monde bourgeois q[...] l'on trouve la vérité. Alors il n'y a p[...] seule chose qui ne s'achète pas.[...]

Nous voilà revenus aux symboles.[...] pas le monde. Mais un amour vrai,[...] tout est piégé, faussé, où l'énergi[...] piégée, est le seul signe révolutionn[...] analyse exacte des rapports sociau[...] rien à *Armance* ni au *Rouge,*[...] Stendhal. *C'est à partir de toi que j[...]* (Eluard) : de nouveaux héros, à la[...] du XXe siècle pourront, concurremm[...] de l'amour, découvrir de nouvelle[...] tés politiques (voir *Les Thibault* d[...] *Les Communistes* d'Aragon). Pour[...] situation bloquée de la Restaura[...] s'est encore manifesté ni levé nul[...] et organisé, ses héros ne peu[...]

STENDHAL,
AUTEUR RESTAURATION

A partir de 1821, Henri Beyle est parisien. Il fait du journalisme. Il participe à l'effervescence intellectuelle, à cette bataille confuse et multiforme du « romantisme », qui est bien autre chose que la bataille du drame, des unités, etc. Il a horreur d'un certain romantisme de salon, fortement marqué à droite. Mais il est, à fond, pour ce qu'on pourrait appeler un romantisme moderne : progressisme en politique, progressisme en littérature, réflexions fortement critiques sur la réalité libérale bourgeoise. Il est en relation avec une certaine Europe intellectuelle. On parle de lui dans *le Globe,* journal qui, à partir de 1824, tente de donner consistance, précisément, à un romantisme également

moderne, ouvert aux forces neuves. Ses publications
font du bruit, en tout cas rencontrent des lecteurs, et il
est avéré, notamment, qu'un certain inconnu nommé
Honoré Balzac n'a pas manqué *De l'Amour*. Beyle est
donc sur le point, en ces années, de devenir une figure
parisienne. Mais tout s'interrompt, curieusement, avec
la publication du premier roman, *Armance*, qui sur-
prend, qui n'est pas *reçu*. Beyle est mort, serait-on
tenté de dire, Stendhal est né. *De l'Amour, Racine et
Shakespeare, D'un nouveau complot contre les industriels* jalonnent cette marche au roman.

De l'Amour a été publié pour la première fois en 1822. Le manuscrit datait de 1820. Stendhal en avait de lui-même supprimé un chapitre intitulé *Des fiasco*, peut-être par crainte de la censure. Il avait fini par trouver un éditeur, Mongie, qui le tira à 1 000 exemplaires, ce qui était un tirage absolument normal pour l'époque. L'ouvrage se présentait sous la forme de deux petits volumes in-12° au prix de 5 francs (à titre de comparaison, l'abonnement à un journal coûtait 80 francs et la pension annuelle de Rastignac à Paris était de 1500 francs ; les livres étaient très chers : on les lisait pour quelques sous dans les cabinets de lecture ; l'édition se faisait de compte à demi : l'auteur ne toucherait des droits qu'une fois couverts les frais d'impression). Mais le livre n'eut absolument aucun succès, contrairement à *Rome, Naples et Florence en*

1817 qui s'était bien vendu. Il y eut quelque curiosité dans les salons, comme en témoigne par exemple le récit de Mme Ancelot au sujet des difficultés qu'elle eut à se procurer un exemplaire. Mais surtout il fut lu par un jeune homme alors parfaitement inconnu, Honoré Balzac, qui écrivait sous le pseudonyme d'Horace de Saint-Aubin et qui s'intéressait passionnément au problème de l'amour et du mariage dans la société moderne.

Devant l'insuccès de son œuvre, et malgré quelques articles, Beyle eut l'idée — alors courante — de se servir lui-même et de faire sa propre publicité. Il rédigea en 1822 un « puff-dialogue »[1] puis le reprit en 1825 sous la forme d'un « puff-article » qu'il renonça finalement à publier.

Les années passèrent. En 1833, alors qu'il était en congé à Paris, Beyle tenta de relancer *De l'Amour*. Il ne s'agissait pas d'une nouvelle édition mais d'une utilisation, sous la couverture cette fois du libraire Bohaire, successeur de Mongie, des invendus de 1822. L'entreprise, à nouveau, n'eut aucun succès. Pour des raisons évidentes, cette pseudo-seconde édition de 1833 ne comprend toujours pas *Des Fiasco* ni deux chapitres écrits en 1825 : *Le Rameau de Salzbourg* et *Ernestine ou la naissance de l'amour*. Beyle tenait beaucoup à ce livre maudit, qu'il avait songé à enrichir, qu'il annonçait dans la liste de ses *Œuvres*, en 1839 dans *La Chartreuse* et pour lequel il écrivit à la veille de sa mort en 1842 une importante préface, qui est en fait une postface et que l'on trouvera également en appendice. En 1853 son cousin et exécuteur testamentaire Romain Colomb publia d'abord une brochure comprenant les additions inédites et le fameux *Des Fiasco* puis, enfin, une version complète de l'œuvre *en tête* des *Œuvres complètes* de l'édition Michel Lévy (ce qui est significatif de l'importance du livre, donné comme une clé). L'édition Colomb a longtemps servi de modèle aux

---

1. *Puff dialogue* équivaudrait aujourd'hui à « dialogue bidon », ou publicité rédactionnelle.

éditeurs jusqu'à ce que l'exploitation des manuscrits de Stendhal permette d'établir un meilleur texte, de donner des variantes, des passages supprimés, etc. Les spécialistes et les curieux se reporteront, par exemple, à l'édition Muller-Jourda du *Cercle des Bibliophiles*, complétée par une postface d'Ernest Abravanel.

La remarque a souvent été faite que *De l'Amour* demeure un livre peu connu, presque maudit. On en parle. On cite la fameuse théorie de la cristallisation et le chapitre *Des Fiasco*. Mais on ne va guère plus loin. Au mieux — au pire — on essaie de montrer que les romans seraient une application mécanique de la théorie de *De l'Amour* : cristallisation, décristallisation, seconde cristallisation, etc. En fait l'intérêt du livre n'est pas là. Il est *à la fois* dans l'intention de donner une description scientifique d'un phénomène qui relevait jusqu'alors de la seule poésie ou de la seule « littérature » et dans l'utilisation souvent directe par Beyle de sa propre expérience douloureuse avec Métilde Dembowski. *De l'Amour* est à la fois un traité et une œuvre autobiographique. Par là, l'unité du livre a bien du mal à se réaliser. Elle ne se dessine que lorsque le livre transgresse ses propres règles et franchit ses propres frontières : essentiellement lorsque l'essayiste s'embarque dans une narration et lorsqu'il se trouve aux portes du roman. *De l'Amour* s'était voulu œuvre d'idéologie et l'auteur devait s'expliquer dans une note capitale [1] sur ce qui le séparait du roman,

---

1. « J'ai appelé cet essai un livre d'idéologie. Mon but a été d'indiquer que, quoiqu'il s'appelât l'*Amour*, ce n'était pas un roman, et que surtout il n'était pas amusant comme un roman. Je demande pardon aux philosophes d'avoir pris le mot *idéologie* : mon intention n'est certainement pas d'usurper un titre qui serait le droit d'un autre. Si l'idéologie est une description détaillée des idées et de toutes les parties qui peuvent les composer, le présent livre est une description détaillée et minutieuse de tous les sentiments qui composent la passion nommée l'*amour*. Ensuite je tire quelques conséquences de cette description, par exemple, la manière de guérir l'amour. Je ne connais pas de mot pour dire, en grec, discours sur les sentiments, comme idéologie indique discours sur les idées. J'aurais pu me faire inventer un mot par quelqu'un de mes amis savants, mais je suis déjà

genre simplement « amusant ». En fait, il ne sortira
d'affaire et de contradiction qu'en écrivant des romans
graves, sérieux (c'est la fidélité à l'idéologie) et passion-
nants (c'est l'amusant mais au degré supérieur) que
pourront pleinement goûter les esprits « romanesques » dont il affirme qu'eux seuls constituent le public
selon son cœur. Mais « romanesque » a un sens bien
précis : qui a de la *qualité* et qui donc refuse le vulgaire.
Or qu'est-ce que le vulgaire en 1822 sinon, même sous
sa forme aristocratique, le bourgeois ?

   Les romanesques, les esprits de qualité, ceux qui
refusaient le bourgeois, pouvaient-ils, toutefois,
comprendre le message qui leur était adressé ? L'auteur, il est vrai, ne facilitait guère la lecture et,
simplement, la communication. Manque de sérieux
d'abord, dans la construction : que devient le magnifi-

---

assez contrarié d'avoir dû adopter le mot nouveau de *cristallisation,* et
il est fort possible que si cet essai trouve des lecteurs, ils ne me
passent pas ce mot nouveau. J'avoue qu'il y aurait eu du talent
littéraire à l'éviter ; je m'y suis essayé, mais sans succès. Sans ce mot
qui, suivant moi, exprime le principal phénomène de cette folie
nommée amour, *folie* cependant qui procure à l'homme les plus
grands plaisirs qu'il soit donné aux êtres de son espèce de goûter sur
la terre, sans l'emploi de ce mot qu'il fallait sans cesse remplacer par
une périphrase fort longue, la description que je donne de ce qui se
passe dans la tête et dans le cœur de l'homme amoureux devenait
obscure, lourde, ennuyeuse, même pour moi qui suis l'auteur :
qu'aurait-ce été pour le lecteur ?
   J'engage donc le lecteur qui se sentira trop choqué par ce mot de
cristallisation à fermer le livre. Il n'entre pas dans mes vœux, et sans
doute fort heureusement pour moi, d'avoir beaucoup de lecteurs. Il
me serait doux de plaire beaucoup à trente ou quarante personnes de
Paris que je ne verrai jamais, mais que j'aime à la folie, sans les
connaître. Par exemple, quelque jeune Mme Roland, lisant en
cachette quelque volume qu'elle cache bien vite au moindre bruit,
dans les tiroirs de l'établi de son père, lequel est graveur de boîtes de
montre. Une âme comme celle de Mme Roland me pardonnera, je
l'espère, non seulement le mot de *cristallisation* employé pour
exprimer cet acte de folie qui nous fait apercevoir toutes les beautés,
tous les genres de perfection dans la femme que nous commençons à
aimer, mais encore plusieurs ellipses trop hardies. Il n'y a qu'à
prendre un crayon et écrire entre [les] lignes les cinq ou six mots qui
manquent.

que projet d'examen des quatre amours au chapitre I ?
Ce n'est qu'au début de la seconde partie que l'idée est
reprise, les quatre amours interférant alors avec les
tempéraments... Mais tout se perd à nouveau et l'on
parle d'autre chose. Oui, c'est bien là une première
faiblesse. Mais il y a pire. Certes, bien des lecteurs de
l'époque sauraient reconnaître telle utilisation de La
Bruyère ou de Chamfort, dont Beyle n'avait pas besoin
de fournir les références : ce qui fait relative obscurité
pour nous, qui n'avons plus les mêmes références
culturelles, pouvait être plaisir pour le lecteur de 1822.
Mais que de difficultés, à l'inverse, insurmontables
pour le même lecteur, alors que le lecteur d'aujour-
d'hui, qui connaît la vie de Beyle, le *Journal* et les
Souvenirs d'égotisme, les trouve transparentes et prend
plaisir à leur décryptage ! En 1822 et pour longtemps,
De l'Amour est un livre parfaitement hermétique. Que
pouvait-on comprendre à ces réflexions de del Rosso, à
ces fragment du journal de Lino Visconti ou de Salviati,
qui ne sont autres que des prête-nom pour un Beyle qui
puise dans ses papiers ? Qui pouvait lire, dans les
chapitres XXX et XXXI, les douloureuses confidences
d'un Beyle mal aimé ? Il n'y avait même pas le charme
d'une mystification donnée à lire et finalement dévoilée
par le livre lui-même. *De l'Amour* est un livre écrit en
code sans que le lecteur se voit offrir la clé. L'insuccès,
dans ces conditions, n'avait rien d'étonnant et l'on
comprend que l'auteur déclare écrire pour soixante
lecteurs. Le féminisme même de certaines pages, qui
aurait pu assurer au livre un succès retentissant, ne
pouvait et ne put être compris. Et les allusions politiques, les insolences libérales qui, dans quelques passages ou notes, classaient évidemment le livre à gauche,
ne pouvaient non plus suffire à briser la barrière.
Quand on publie, c'est pour se faire lire. De cela Beyle
ne se souciait guère. *De l'Amour,* en fait, il l'a écrit
pour lui-même, sans la moindre concession. Livre
inclassable ? Oui, mais non en ce sens qu'il relevait d'un
genre encore non reconnu et qui le serait un jour ; livre

inclassable en ce sens que, finalement, à s'en tenir aux normes, il ne s'agissait pas d'un livre. S'il l'est aujourd'hui, il l'est *devenu* : une fois de plus c'est la lecture qui a créé le texte.

RACINE ET SHAKESPEARE

De l'Amour, était encore dans la tradition sérieuse, objective. Le livre était peu engagé dans l'actualité. Il participait d'une certaine sérénité critique, qui cesse vite d'être de mise. A partir des années 1822 et suivantes, le ministère Villèle et la politique de la droite provoquent une effervescence considérable. En même temps, des failles apparaissent dans le bloc de la « gauche », le libéralisme bourgeois, très conservateur au plan culturel comme au plan social, et qui s'exprimait dans *Le Constitutionnel,* commençant d'apparaître comme une idéologie vieillissante et suspecte. Que faire? Quelle relance? *Racine et Shakespeare,* à propos d'une querelle en apparence exclusivement littéraire, marque une intervention directe de Beyle dans cette nouvelle bataille.

Racine et Shakespeare : tels étaient bien les repères symboliques, les termes du conflit qui opposait vivement les classiques partisans d'une littérature réglée aux partisans d'une littérature nouvelle et libre. Les Français, avec Voltaire et les traductions de Ducis, avaient découvert Shakespeare au XVIIIe siècle : un Shakespeare souvent affadi et arrangé au goût national. Des traductions plus fidèles et, chez certains, comme Chateaubriand, le contact direct avec le texte anglais avaient relancé le débat. Pour les hommes de goût, Shakespeare était un barbare (mélange des genres, violence, fantaisie débridée). Pour les assoiffés de nouveauté, repus de sagesse et de mesure classique, il était l'idole.

La passion politique s'en était mêlée et, en 1822, la jeunesse libérale, excitée par une presse anglophobe, avait violemment manifesté lors de la venue à Paris d'une troupe anglaise. Shakespeare n'était-il pas « un aide de camp de Wellington » ? Beyle, indigné, avait écrit (octobre) un article très vif dans le *Paris Monthly Review*. Il devait reprendre son texte et l'allonger en mars 1823 pour en faire une brochure de cinquante pages : *Racine et Shakespeare,* qui fut tirée à trois cents exemplaires. Le premier mouvement était celui d'une leçon adressée à une jeunesse fourvoyée par de mauvais maîtres : comment la jeunesse *libérale* pouvait-elle être pour la vieille littérature ? Ne pas voir ce que signifiait Shakespeare ? Mais très vite le débat changeait de sens. Le romantisme, en effet, était jusqu'alors un mouvement littéraire de la droite royaliste et catholique. Depuis Chateaubriand, les victimes de la Révolution avaient exprimé leur solitude, leur tristesse, leur sentiment d'exil et d'échec dans une littérature qui rompait avec les traditions rationalistes, psychologistes et moralistes. Les libéraux, eux, les hommes de la gauche politique, tenaient pour la tradition, du classi-

cisme xvııᵉ siècle aux Lumières du xvıııᵉ. Cette littérature, dont le sens vrai leur échappait, satisfaisait leurs
certitudes d'installés, de profiteurs, de vainqueurs.
Pour eux, le monde n'était ni trouble ni troublé. Ils
aimaient le bien dire, les sentences, la sagesse. Ils
exécraient ce qui brise les lignes, et ce qui dit les lignes
brisées et donc suggère que quelque chose les brise :
une crise, chose impensable pour les libéraux ! D'où
une situation absurde : la gauche politique est conser-
vatrice en littérature ; la droite politique, du moins
certains de ses éléments, novatrice. En fait, il faut voir
que le romantisme de droite exprimait, chez les meilleurs, par-delà une simple position de classe, le refus de
ce qu'avait de borné, d'étouffant, la société nouvelle et
ce que Chateaubriand appelait en 1817 dans un article
célèbre du *Conservateur* « la morale des intérêts ». Le
romantisme faisait appel à la générosité. Par là il
débordait ses propres origines de classe. Il faut dire
d'ailleurs qu'à droite les têtes sensées se méfiaient du
romantisme, y décelant des inquiétudes et des interrogations grosses de danger pour l'ordre. L'une des
premières théories cohérentes du romantisme n'avait-
elle pas été procurée par Mme de Staël, fille idéologique de Rousseau et de la Révolution ? En fait, on ne
savait plus très bien où on en était. Si le romantisme
faisait appel au cœur et à la générosité, ne parlait-il pas
obscurément à toute une jeunesse bourgeoise qui
commençait à étouffer dans la société de ses pères ?
René de Chateaubriand n'était-il pas, en même temps
qu'une lecture de jeunes aristocrates tristes, une lecture
d'adolescents plébéiens inquiets, comme ce jeune
Sainte-Beuve qui notait dans son journal à quinze ans :
« J'ai lu René et j'ai frémi ; je m'y suis reconnu tout
entier » ? En fait, avec la crise intra-bourgeoise qui se
précisait, le romantisme était en train de perdre son
contenu de classe originel et se chargeait de signification critique. Dans le domaine culturel, le libéralisme
abdiquait et trahissait. Il s'en tenait aux formes mortes
et à la littérature de bonne compagnie. Mais les femmes
et les jeunes gens, tous les laissés pour compte de la

révolution libérale bourgeoise étaient spontanément romantiques. Pour exprimer des réalités nouvelles, des sentiments nouveaux, ils voulaient des formes neuves. Beyle l'a parfaitement senti : la bataille pour la forme est une bataille pour le fond. D'où cet argument : comment le public moderne s'accommoderait-il de formes du passé ? Il fallait une nouvelle littérature et d'abord, conformément à ce qu'était alors la hiérarchie des genres, un nouveau théâtre : sujets modernes, plus d'unités contraignantes, abandon de l'alexandrin « cache-sottise », droit de parler de tout librement. Beyle, qui se souvenait de sa chère Italie, en avait ramené cette idée d'un « romanticisme », révolutionnaire dans l'esthétique comme dans la politique. C'est ce brulôt qu'il lança dans Paris. Il n'était pas le premier, et Augustin Thierry en 1820, rendant compte de l'*Ivanhoe* de Walter Scott, avait plaidé, déjà, pour une littérature romantique et naturelle. Quelque chose se cherchait. Mais Beyle sut parler un langage net, clair, provocateur, qui décapait et mettait à nu. La littérature, le théâtre devaient causer du *plaisir,* être un élément de la « chasse au bonheur ». Toutes choses dangereuses, suspectes pour les bourgeois libéraux qui commençaient à devenir policiers et accusaient, bien entendu, d'ultracisme quiconque ne voyait pas la vie comme eux, c'est-à-dire n'avait pas les mêmes intérêts. Le coup de génie de Beyle fut de plaider pour le romantisme en évitant tout risque de récupération par la droite. Ses idées sur le bonheur, d'ailleurs, et sur le plaisir, pouvaient-elles aller dans le sens des vieux émigrés tristes alors lancés dans la chasse aux places ? *Racine et Shakespeare* en fait dissipe un malentendu : les ennemis du bonheur et du plaisir sont tous les conservateurs, tous les hommes d'ordre de la société restaurée, d'accord, au fond, sur l'essentiel. Ceci allait loin : un nouveau clivage se dessinait qui, au nom du droit à la vérité et à la vie, mettait dans le même sac les hommes de *la Quotidienne* et ceux du *Constitutionnel.* C'est en posant correctement un problème littéraire que Beyle posait correctement un problème politique.

La Presse ne s'y trompa pas et la brochure fut éreintée à droite comme « à gauche ». L'affaire devait avoir une suite.

Le 24 avril 1824 en effet l'académicien libéral Auger prononça lors d'une séance solennelle de l'Institut un violent discours contre l'hérésie romantique. En mars 1825, Beyle lui répondit par une nouvelle brochure, beaucoup plus longue que la première. C'est le second *Racine et Shakespeare,* nouveau plaidoyer pour un théâtre moderne et dans lequel l'attaque contre le conservatisme libéral est non plus celui, aberrant, de quelques jeunes gens mais celui, logique, des vieilles générations impériales. Beyle, toutefois, se trompait en cherchant à dessiner les contours d'un nouveau théâtre. Son texte lui-même le dit : « Ce n'est plus à la scène, c'est dans le roman que se fera la véritable révolution culturelle. » Cela, toutefois, il ne le sait pas encore clairement. Dans *De l'Amour,* c'était la forme du traité scientifique qui se trouvait bousculée par la confidence, par le désir de raconter et de se raconter. Ici, sans le vouloir, c'était une autre forme dont les impasses étaient mises à nu. Il y aura bien une révolution romantique au théâtre (Dumas, Hugo), et qui dira beaucoup de choses. Mais elle devait rester marquée d'une certaine noblesse, d'un certain drapé. Le naturel, que réclamait Beyle, c'est dans le roman qu'il devait enfin parler.

L'aspect piquant, paradoxal et provocateur du texte ne doit pas tromper : l'ironie y décèle le cœur. Et surtout Beyle y voit et y dit admirablement de quelles autres révolutions sont signes ou annonciations les révolutions « simplement » littéraires.

Beyle ne devait pas en rester à une argumentation *indirectement* politique. La percée du saint-simonisme (et de son journal, *le Producteur*), les nombreuses discussions sur les problèmes économiques qui se multiplient (et qui aboutiront, par exemple, en 1827 au *Nouveau monde industriel et sociétaire* de Fourier, ainsi qu'à la publication du second journal saint-simonien, *L'Organisateur*, beaucoup plus radical que *le Producteur*, et qui préconisera notamment l'abolition de l'héritage dans l'industrie comme dans l'agriculture) devaient lui fournir l'occasion d'une intervention absolument décisive. La polémique fut rude, après la publication de la brochure *D'un nouveau complot contre les industriels.* Preuve que Beyle avait fait mouche.

Ce texte fut longtemps l'un des plus mal connus de Stendhal. Il faisait partie des innombrables « œuvres diverses » et « mélanges » d'un romancier célèbre. Quel rapport pouvait avoir cette courte brochure politico-économique avec la création romanesque ? Et pourtant... Les historiens du romantisme, considéré comme une crise de civilisation, devaient, eux, un jour, lui faire le sort qu'elle méritait et la mettre à sa vraie place qui est capitale : *D'un nouveau complot* marque la rupture entre les intellectuels et le capitalisme industrialiste naissant. Jusqu'alors les adversaires avoués de cet industrialisme (propriété mobilière, propriété commerciale, propriété manufacturière) étaient les hommes de la vieille propriété immobilière, ceux qui sans cesse depuis la Charte rêvaient de retirer la patente du cens électoral et de ne faire voter que les propriétaires terriens. Or voici qu'une nouvelle opposition se manifestait, une contradiction annonciatrice de contradictions nouvelles. Des ouvriers avaient bien brisé des machines. Mais nul mouvement cohérent, organisé n'avait mis en cause le capitalisme, et la pensée voyait encore dans l'industrie la condition fondamentale et fondatrice de la liberté. Dès les premières années du XIXᵉ siècle, Saint-Simon avait lancé le mot d'ordre : tout le pouvoir aux industriels ! à bas les oisifs et les inutiles ! Pour Saint-Simon, les industriels c'était aussi bien les maîtres que les ouvriers, solidaires contre les vieilles classes privilégiées, homogènes par la possibilité pour les meilleurs ouvriers d'accéder à la classe des maîtres. Le mot d'ordre était fortement et objectivement progressiste dans le contexte de réaction blanche du début de la Restauration. En 1825, après la mort du maître, il devait être repris avec force par le Journal *Le Producteur,* fondé par des disciples de Saint-Simon. Des campagnes vigoureuses devaient, en chargeant à fond sur la droite aristocratique, donner à l'éloge de l'industrie et des industriels une dimension nationale. L'industriel devenait un héros. On voyait en lui l'homme de la production et aussi de l'organisation. Point d'idée, alors, de contradictions à l'intérieur du système ; point d'idée de *crise* malgré l'exemple anglais. L'un des bailleurs de fond était le banquier libéral Lafitte qui souhaitait une forte organisation du crédit. Pendant ce temps des hommes comme le filateur Ternaux devenaient des puissances nationales. De nouveaux empires s'élevaient. Ces hommes, comme il est normal, étaient « de gauche ». Ils étaient contre les entraves que mettait à leur pouvoir la caste légitimiste dont un ministre s'était rendu célèbre en déclarant : « La France produit trop » et qui rêvait de remettre ce pays en pâturages, de limiter la population, etc. Ils soutenaient les journaux libéraux, payaient les avocats dans les procès de presse. Mais aussi, il est vrai, on commençait à les voir d'un autre œil. De la misère des « classes ouvrières », comme on disait alors, on parlait peu. Mais on remarquait que les banquiers soumissionnaient les emprunts d'Etat à gros bénéfice, qu'ils prêtaient facilement, toujours à gros bénéfice, aux gouvernements étrangers, fussent-ils tyranniques. Et les Rothschild, princes nouveaux, n'étaient-ils pas banquiers de Metternich et de la Sainte-Alliance ? Quel était le parti de l'argent ? Stendhal, dans les articles qu'il envoyait aux journaux anglais, signalait l'installation de « l'aristocratie de l'argent », qui remplaçait l'autre, et qui était aussi hypocrite, aussi égoïste. Aussi les dithyrambes du *Producteur* devaient-ils le scandaliser. Et c'est pour leur répondre qu'il écrivit cette nouvelle brochure.

La démarche en est ironique : il s'agit, semble-t-il, de défendre les industriels contre les éloges exagérés qu'on leur donne. Il n'en demeure pas moins que c'est un industriel que Stendhal fait parler et que c'est la féodalité industrielle dont il instruit le procès en termes étrangement modernes : « Les banquiers, les marchands d'argent ont besoin d'*un certain degré de liberté*. » On dirait aujourd'hui : ils luttent pour *leur* liberté, non pour *la* liberté. De même les libéraux, dans *Racine et Shakespeare,* ignoraient-ils le bonheur, le plaisir, le naturel. C'est le même procès qui continue. Bien entendu il ne s'agit nullement de socialisme : Stendhal n'imagine pas d'autre ordre social ni ne lance contre les industriels une classe nouvelle. Où, d'ailleurs, la prendrait-il ? *Il se contente de refuser son estime.* C'est-à-dire qu'il démystifie. La démarche est capitale : la liberté des industriels n'est pas toute la liberté. Elle en est même l'exact contraire. Quelle faille dans les certitudes bourgeoises ! Deux ans plus tard la crise économique de 1827 apportera de terribles preuves : l'industrie du profit et de la concurrence anarchique engendre l'impuissance et le chaos. Où est la belle unité rêvée par Saint-Simon ? *L'Organisateur,* bientôt, nouveau journal saint-simonien, entreprendra à partir de 1829 l'analyse et la critique du capitalisme sauvage, demandera l'abolition de l'héritage industriel et la remise du pouvoir aux véritables industriels : non les collecteurs de profit à tout prix mais les ingénieurs et les savants. Autre avancée significatrice. Il n'y a pas encore de prolétariat pour peser sur la marche de l'Histoire. Mais à l'intérieur de la conscience bourgeoise elle-même quelque chose s'est déchiré. Ces quelques pages de Stendhal sont un moment important de cette évolution : le premier non vigoureux et cohérent sans doute au pouvoir de l'argent. Complot contre les industriels ? Ne s'agirait-il pas de complot des industriels de fait, des industriels de l'industrie telle qu'elle pourrait être ? On ne disait pas alors que le capitalisme, après les avoir libérées, bloquait les forces productives. Mais aujourd'hui nous pouvons mieux lire ces quelques pages qui ont certes de tout autres vertus que celles de l'insolence. L'intelligence et le cœur ne se reconnaissent plus dans une « industrie » qui trahit sa belle signification étymologique d'activité humaine transformatrice et créatrice au profit — c'est le cas de le dire — de l'appropriation privée des moyens de production par une classe dont tout dit de plus en plus qu'elle abandonne ses objectifs de révolution pour l'ensemble de l'humanité. La bourgeoisie a profondément révolutionné le monde mais à son seul profit. Les intellectuels font sécession. Bientôt cela va être le tour des héros de roman.

D'un nouveau complot
contre les industriels

Se altamente vuoi
Utile farti, vanità combatti,
Fatale in oggi di virtù nimica.

SILVIO PELLICO.

Petit dialogue

L'INDUSTRIEL

Mon cher ami, j'ai fait un excellent dîner.

LE VOISIN

Tant mieux pour vous, mon cher ami.

L'INDUSTRIEL

Non pas seulement tant mieux pour moi. Je prétends que l'opinion publique me décerne une haute récompense pour m'être donné le plaisir de faire un bon dîner.

LE VOISIN

Diable, c'est un peu fort !

L'INDUSTRIEL

Seriez-vous un aristocrate, par hasard ?

Tel est l'extrait fort clair des catéchismes de M. de Saint-Simon, et des six ou sept premiers numéros d'un journal écrit en style obscur, et qui a l'air de se battre pour l'industrie.

M. de Saint-Simon a dit : « *La capacité industrielle est celle qui doit se trouver en première ligne ; elle est celle qui doit juger la valeur de toutes les autres capacités, et les faire travailler pour toutes pour son plus grand avantage.* »

Si nous n'y prenons garde, l'on va nous donner un ridicule.

Moi aussi, je suis un industriel, car la feuille de papier blanc qui m'a coûté deux sous, on la revend cent fois plus après qu'elle a été noircie. Nommer cette pauvre petite industrie, n'est-ce pas dire que je ne suis ni riche ni noble ? Je ne m'en trouve que mieux placé pour apercevoir le ridicule des deux camps opposés, l'industrialisme et le privilège.

Je veux croire que mille industriels qui, sans manquer à la probité, gagnent cent mille écus chacun, augmentent la force de la France ; mais ces messieurs ont fait le bien public à la suite de leur bien particulier. Ce sont de braves et honnêtes gens, que j'honore et verrais avec plaisir nommer maires ou députés ; car la crainte des banqueroutes leur a fait acquérir des habitudes de méfiance, et, de plus, ils savent compter. Mais je cherche en vain l'admirable dans leur conduite. Pourquoi les admirerais-je plus que le médecin, que l'avocat, que l'architecte ?

Certes, nous autres, petites gens, nous aimons mieux l'industrie, qui nous propose de faire des échanges et qui veut commercer avec nous que le privilège qui prétend de haute lutte nous enlever tous nos droits. La profession des industriels est fort estimable ; mais nous ne voyons pas en quoi elle mérite d'être plus honorée que toute autre profession utile à la société. L'on aura beau faire, la classe chargée en France de la fabrication de l'opi-

nion, pour parler le langage industriel, sera toujours celle des gens à six mille livres de rente. Ces gens-là seuls ont le loisir de se former une opinion qui soit à eux, et non pas celle de leur journal. Penser est le moins cher des plaisirs. L'opulence le trouve insipide et monte en voiture pour courir à l'Opéra ; elle ne se donne pas le temps de penser. L'homme pauvre n'a pas ce temps ; il faut qu'il travaille huit heures par jour, et que son esprit soit toujours tendu à bien s'acquitter de sa besogne.

La classe pensante accorde sa considération à tout ce qui est utile au plus grand nombre. Elle récompense par une haute estime, et quelquefois par de la gloire, les Guillaume Tell, les Porlier, les Riego, les Codrus, les gens, en un mot, qui risquent beaucoup pour obtenir ce qu'à tort ou à raison ils croient utile au public.

Pendant que Bolivar affranchissait l'Amérique, pendant que le capitaine Parry s'approchait du pôle, mon voisin a gagné dix millions à fabriquer du calicot ; tant mieux pour lui et pour ses enfants. Mais depuis peu il fait faire un journal qui me dit, tous les samedis, qu'il faut que je l'admire comme un bienfaiteur de l'humanité. Je hausse les épaules.

Les industriels prêtent de l'argent aux gouvernants et les forcent souvent à faire un budget raisonnable et à ne pas gaspiller les impôts. Là, probablement, finit l'utilité dont les industriels sont à la chose publique ; car peu leur importe qu'avec l'argent prêté par eux on aille au secours des Turcs ou au secours des Grecs. Je trouve dans le dernier ouvrage de M. Villemain le petit dialogue suivant entre Lascaris, qui fuit Constantinople pris par les Turcs, et un jeune Médicis :

— Mais quoi ! dit Médicis, les Génois qui occupaient vos faubourgs étaient vos alliés, vos marchands !

— Ils nous ont trahis, répondit le malheureux Grec. Pourquoi nous auraient-ils été fidèles ? Ils feront le même commerce avec les Turcs. C'était le courage désintéressé qui seul aurait pu nous sauver (Lascaris, page 7).

Les banquiers, les marchands d'argent ont besoin d'un certain degré de liberté. Un baron Rothschild était impossible sous Bonaparte, qui eût peut-être envoyé à Sainte-Pélagie un prêteur récalcitrant[1]. Les marchands d'argent ont donc besoin d'un certain degré de liberté, sans lequel il n'y aurait pas de crédit public. Mais, dès que le huit pour cent se présente, le banquier oublie bien vite la liberté. Quant à nous, notre cœur ne pourra pas oublier de sitôt que vingt maisons, prises parmi tout ce qu'il y a de plus industriel et de plus libéral, ont prêté l'argent au moyen duquel on a acheté et pendu Riego. Que dis-je ? Le jour où j'écris, l'industrie, trouvant que le pacha d'Egypte est fort solvable, ne lui bâtit-elle pas des vaisseaux à Marseille ? Les industriels usent de leur liberté comme citoyens français ; ils emploient leurs fonds ainsi qu'ils l'entendent : à la bonne heure ; mais pourquoi venir me demander mon admiration, et pour comble de ridicule, me la demander au nom de mon amour pour la liberté ?

L'industrialisme, un peu cousin du charlatanisme, paye des journaux et prend en main, sans qu'on l'en prie, la cause de l'industrie ; il se permet de plus une petite faute de logique : il crie que l'industrie est la cause de tout le bonheur dont jouit la jeune et belle Amérique. Avec sa permission, l'industrie n'a fait que profiter des bonnes lois et de l'avantage d'être sans frontières attaquables que possède l'Amérique. Les industriels, par l'argent qu'ils prêtent à un gouvernement après avoir pris leurs sûretés, augmentent pour le moment la force de ce gouvernement ; mais ils s'inquiètent fort peu du sens dans lequel cette force est dirigée. Supposons qu'un mauvais génie envoie aux Etats-Unis d'Amérique un président ambitieux comme Napoléon ou Cromwell ; cet homme profitera du crédit qu'il trouvera établi en arrivant à la présidence pour emprunter quatre cents millions, et avec ces millions, il corrompra l'opinion et se fera nommer président à vie. Eh bien, si les intérêts de la rente sont bien servis, l'histoire contemporaine est là pour nous apprendre que les industriels continueront à lui prêter des millions, c'est-à-dire à augmenter sa force,

---

1. *Affaire de MM. les fabricants de draps de Lodève.*

sans s'embarrasser du sens dans lequel il l'exerce. Qui empêche aujourd'hui les industriels de prêter au roi d'Espagne ? Est-ce le manque de moralité de ce prince, ou son manque de solvabilité *.

Ces considérations sont bien simples, bien claires ; elles n'en sont que plus accablantes. Aussi, voyez l'obscurité et l'emphase dans lesquelles les journaux de l'industrialisme sont obligés de chercher un refuge[1]. N'ont-ils pas appelé Alexandre le Grand le premier des industriels[2] ? Et remarquez que je suis obligé de passer légèrement sur les faits les plus frappants et les plus voisins qui confirment ma théorie, car je ne veux pas plus aller à Sainte-Pélagie que créer de la haine impuissante dans l'âme de mon lecteur. L'industrie, comme tous les grands ressorts de la civilisation, amène à sa suite quelques vertus et plusieurs vices. Le négociant qui prête son vaisseau au Grand Turc pour effectuer le massacre de Chio est probablement un homme fort économe et très raisonnable. Il sera bon directeur d'hôpital et ministre fort immoral, et par là fort dangereux : donc, les industriels ne sont pas propres à toutes les places[3].

Toutes les professions pratiquées avec probité sont utiles, et par conséquent estimables ; telle est la vieille vérité que proclame la classe pensante placée entre l'aristocratie, qui veut envahir toutes les places et l'industrialisme, qui veut envahir toute l'estime. L'industrialisme se déclare seul estimable ; cependant, Catinat, si pauvre, l'emporte encore sur Samuel Bernard. Les grands industriels du siècle de Louis XV sont presque tous ridicules dans l'histoire, et Turgot si pauvre est un grand homme.

Peut-être cherchera-t-on à nous répondre en nous faisant dire ce que nous n'avons pas dit : voici des explications. La classe pensante, mesurant avec soin son

---

* Peut-être me reprochera-t-on de n'avoir pas cité plus souvent les propres paroles du *Producteur* ; si l'on veut bien lire l'exposé suivant, l'on concevra pourquoi.

1. Voir la note unique, page dernière.
2. Le *Producteur*, page 22.
3. *Saint-Simon*, Catéchisme, p. 38 et 39.

estime sur l'utilité, préfère souvent un guerrier, un habile médecin, un savant avocat qui, sans espoir de salaire, défend l'innocence[1]*, au plus riche fabricant qui importe des machines et emploie dix mille ouvriers. Pourquoi ? C'est que pour arriver à une haute estime, il faut, en général, qu'il y ait sacrifice de l'intérêt à quelque noble but. Quels sacrifices ont jamais fait Zamet, Samuel Bernard, Crozat, Bouret, etc., les plus riches industriels dont l'histoire ait gardé le souvenir ? A Dieu ne plaise que de cette remarque historique, je tire la conséquence que les industriels ne sont pas honorables ! Je veux dire seulement qu'ils ne sont pas héroïques. Chaque classe de citoyens a droit à l'estime, et, là comme ailleurs, le ridicule se charge de faire justice des prétentions exagérées. La classe pensante honore tous les citoyens. Si on la méprise, si on l'injurie*[2]*, elle se contente de rendre leurs mépris et au noble baron dont le trentième aïeul fut à la croisade de Louis le Jeune, et au sabreur impérial, et à l'industriel si fier de ses dix millions dont il va acheter un titre féodal. Cette dernière classe s'attribuant tout le bonheur de l'Amérique, et oubliant Washington, Franklin et La Fayette, nous semble la plus ridicule en ce moment.*

L'honorable M. de Saint-Simon a dit, et les journaux payés par l'industrialisme répètent en un style prétentieux : « *La capacité industrielle est celle qui doit se trouver en première ligne ; elle est celle qui doit juger la valeur de toutes les autres capacités et les faire travailler toutes pour son plus grand avantage*[3]*.* »

Or, un charron, un laboureur, un menuisier, un serrurier, un fabricant de souliers, de chapeaux, de toiles, de draps, de cachemires, un roulier, un marin, un banquier, sont des industriels. Cette énumération est encore de M. de Saint-Simon[4]*.*

---

1. *Exemples : le général Villars à Denain, le docteur Jenner découvrant le vaccin, Malesherbes défendant Louis XVI, Mazet allant mourir à Barcelone.*

2. *Un industriel richissime disait de d'Alembert* « *Cela veut raisonner, et n'a pas mille écus de rente !* »

3. Catéchisme des industriels, *3e cahier, p 1.*

4. *Page 1 du* Catéchisme des industriels

Une multitude énorme telle que celle qui se composerait de tous les laboureurs, de tous les menuisiers, de tous les cordonniers, etc., ne peut pas être en première ligne, ou bien tout le monde serait en première ligne ; ce qui rappelle un peu ce philosophe de la comédie, qui, dans son placet, dit au prince :

En fameux ports de mer changez toutes nos villes.

La première ligne de la société arrangée à la Saint-Simon se trouvant un peu nombreuse, puisque nous y voyons placés tous les cordonniers, tous les maçons, tous les laboureurs, et bien d'autres, il faut apparemment ranger suivant leurs succès, c'est-à-dire suivant leurs richesses, les membres de cette classe qui est à la tête de toutes les autres ; or, quel est le chef de cette classe à Paris ? Quel est l'homme qui doit être le juge de toutes les capacités ? C'est évidemment le plus fortuné des industriels, M. le baron Rothschild, aidé, si l'on veut, dans ses fonctions de juge, par les six industriels les plus riches de Paris, MM..., que j'honore trop pour placer leurs noms dans ce tribunal burlesque. Ainsi, que nos grands poètes, Lamartine et Béranger, se hâtent de faire des vers, que nos savants illustres, Laplace et Cuvier, interrogent la nature et proclament des découvertes sublimes, leurs capacités seront jugées ou bien par l'assemblée générale de tous les maçons, les cordonniers, les menuisiers etc., ou par les premiers hommes de cette classe privilégiée, savoir M. le baron Rothschild, escorté de six banquiers que le public voit avec lui dans tous les emprunts. En apprenant la nouvelle dignité dont M. de Saint-Simon et son école les affublent, je vois d'ici les banquiers les plus riches de Paris s'écrier en chœur :

Rien n'est si dangereux qu'un ignorant ami ;
Mieux vaudrait un sage ennemi.

Mais laissons ces folies, qu'on dirait inventées par quelque aristocrate pour donner un ridicule au peuple, c'est-à-dire à la source de tous les princes légitimes. Moi aussi, j'ai lu Mill, Mac Culloch, Malthus et Ricardo, qui viennent de reculer les bornes de l'économie politique.

Plus la France sera imbue des grandes vérités qu'ils ont fait remarquer, moins elle laissera passer de bévues dans la fabrication de son budget, plus elle fera de canaux et surtout de chemins de fer.

Si le nouveau journal se fût borné à répandre ces vérités, que probablement il ignore, tout en lui souhaitant moins d'emphase dans le style et même un peu plus d'esprit, nous aurions fait des vœux pour son succès; mais, encore une fois, il réclame impérieusement une dose extraordinaire de considération et de respect pour MM. les banquiers manufacturiers et négociants les plus riches[1]; car, je le répète, tout en désirant sincèrement leur bonheur, on ne peut pas respecter tous les laboureurs, tous les maçons, tous les menuisiers.

Sur quelque préférence une estime se fonde,
Et c'est n'estimer rien qu'estimer tout le monde.

Sans doute, la classe des industriels millionnaires est fort estimable. Je l'honore avec tant de sincérité, que je voudrais voir tous les ans dans la chambre élective les cent industriels les plus renommés de France. Mais ces véritables et honnêtes industriels répudient l'industrialisme. C'est en vain qu'on les flatte lourdement, c'est en vain qu'on leur dit qu'en faisant fortune, ils ont été plus utiles qu'un bon ministre, qu'un grand général. Lorsque M. de la Fayette, à peine âgé de vingt ans, méprisant ses millions et les grands établissements que le crédit de sa famille lui promet à la cour de France, vole en Amérique, et, après la défaite de Brandywine, ne désespère pas du salut de sa nouvelle patrie, où est l'industriel alors trafiquant en cette même Amérique qui pût lutter de gloire et d'utilité avec le jeune général? Washington ne pouvait-il pas se vendre à Georges III, comme le général Monk à Charles II, et par là, se faire duc et millionnaire? il méprise cette fortune, et devient le héros de la civilisation.

***

1. *Je puis affirmer que rien ne semblerait plus comique en Angleterre que des louanges adressées aux riches manufacturiers. Il y a longtemps que les Anglais sont revenus de ce genre de charlatanisme.*

Mais si l'industriel n'est pas toujours un héros, du moins est-il le juge souverain de toutes les capacités. M. de Saint-Simon le déclare, et j'avoue que je ne trouve pas cette prétention absolument déplacée. Un Samuel Bernard, ou un M. Coutts, a l'esprit tendu toute la journée pour découvrir les places d'Europe et d'Amérique qui manquent d'argent, et où il est avantageux d'en jeter rapidement.

Si je ne pense pas tout à fait qu'un banquier, au milieu de ses agents de change et de ses registres à dos élastique, soit l'homme du monde le plus sensible aux vues tendres ou sublimes que jette sur les profondeurs du cœur humain le génie d'un Byron ou d'un Lamartine, je serai moins sévère pour ce qui a rapport à la muse comique. Je fais grand cas des comédies jouées par les industriels. Ce n'est point la satisfaction d'un amour puéril et un vain contrat de mariage qui en font le dénoûment, mais bien le gain rapide de plusieurs millions. Et ne vous y trompez pas, les moyens d'intrigue sont proportionnels à l'importance du but. C'est là que les Molières futurs prendront leurs sujets de comédie. Loin d'inventer des ressorts, leur génie se fatiguera à rendre supportables à la scène les moyens d'intrigue mis en usage par leurs illustres modèles. Or, comment des gens qui, sur le théâtre du monde, jouent la comédie avec tant de succès, ne seraient-ils pas de bons juges de la petite comédie permise sur nos théâtres et qui reste copie si imparfaite de leurs actions de tous les jours ?

Il n'y a pas cent ans que, dans l'un des quartiers les plus populeux de Paris, l'on a vu la représentation d'une pièce d'intrigue conduite avec un art infini, et il en fallait beaucoup. Les hommes qu'il s'agissait de tromper n'étaient point des Bartholos ; ils l'avaient bien prouvé en faisant des fortunes colossales ou en s'illustrant dans les places les plus brillantes. Ils n'en ont pas moins été pris pour dupes au vu et au su de toute l'Europe, et même de l'Amérique. Rien n'a manqué dans cette admirable comédie, ni le Dave rempli de finesse, ni un ou plusieurs Cassandres surnuméraires. Il y a même eu double intrigue, plot and under plot, *comme dans les*

*vieilles comédies anglaises. Outre les honorables Bartho-
los dont le Dave s'est joué avec une adresse qu'on ne
saurait trop louer, il paraît que, le succès augmentant
l'assurance, on a essayé de duper ce personnage qui,
suivant M. de Talleyrand, a plus d'esprit que qui que ce
soit, M. Public.*

*D'après cet exemple récent, qui oserait refuser aux
premiers industriels de Paris, victimes ou héros de cette
bonne pièce, le talent qu'il faut pour juger la comédie ?*

*Je pense donc, avec les journaux vendus à l'industria-
lisme, que non seulement la capacité industrielle fournit
les gens les plus remarquables par la vertu[1], mais encore
que certains industriels des plus riches sont les juges
véritables, si ce n'est de toutes les autres capacités, du
moins de celles des Figaro, des Scapin et autres personnages fort connus par leur habileté dans l'intrigue et par
la place élevée qu'ils occupent dans l'estime publique.*

*Qu'est-ce, auprès de telles capacités, qu'un juge
intègre comme M. Dupont (de l'Eure), qui habite une
chambre de trente-six francs, et refuse toutefois d'ajouter
un seul mot au discours qu'il doit prononcer le lende-
main ? Ce seul petit mot, fort honorable en soi et alors
fort à la mode, lui eût valu avant la fin de la journée,
quinze mille livres de rente et la plus belle place de son
état.*

*Qu'est-ce qu'une dupe comme le général Carnot, qui,
après avoir été le ministre de la guerre de quatorze
armées de cent mille hommes, s'en va mourir dans la
pauvreté à Magdebourg ?*

*Qu'est-ce dans un ordre moins élevé, si l'on veut,
qu'un serviteur héroïque comme le général Bertrand,
qui, lorsque son prince est malheureux, se croit obligé de
s'exiler au bout du monde, dans une île affreuse, et cela
peut-être pour vingt années ?*

*Comme tous ces mérites pâlissent auprès de celui de
faire écrire deux cents commis de revendre à 64 ce qu'on*

---

1. « *Il est évident que, si jamais les industriels arrivent au pouvoir,
ils investiront la morale du plus grand empire qu'elle puisse exercer sur
les hommes.* » (Catéchisme, n° 1, p. 56).

a obtenu pour 55, et de s'exiler dans le plus beau quartier de Paris, au fond d'une maison de deux millions ? Avec quelle pitié de telles capacités ne voient-elles pas un Dupont (de l'Eure) ou un Daunou traverser la crotte du boulevard ? S'il s'agit de supériorité intellectuelle, M. Royer-Collard [1] fit-il jamais de discours égal en force de dialectique à un petit traité en quatre articles, surtout si le troisième contredit le premier, et si l'on obtient de la probité ou de la bêtise des contractants que ce traité restera secret ?

M. Dupont (de l'Eure) fit-il jamais de belles aumônes de vingt mille francs que l'on a soin de faire enregistrer successivement dans tous les journaux ?

Mais quittons le ton de la plaisanterie, déplacé en un si grave sujet.

Comment l'industrialisme ose-t-il réclamer les premiers honneurs et se préférer aux Dupont (de l'Eure), aux Carnot, aux Bertrand, lorsque même en désintéressement, même dans cette plus facile des vertus, il vient de donner un si étrange exemple à une nouvelle république ?

Je comprends que l'industrialisme, qui peut-être ressent quelque malaise au sujet de certaines opérations, et ne serait pas fâché d'avoir les honneurs de la vertu et les profits de l'emprunt, cherche à se confondre avec la véritable et loyale industrie. Eh bien, l'industrie le repousse, lui, ses flatteries perfides, et, plus que tout, l'effrayante solidarité de réputation.

Oui, j'ai connu des centaines d'honnêtes négociants de Lyon, de Bordeaux, de Rouen, qui ne voudraient pas avoir participé à certaines opérations récentes, non plus qu'à leurs bénéfices, si énormes qu'ils soient.

Ils ne font pas prôner leur profession comme la seule utile, comme la seule vertueuse ; mais ils ont de la vertu, mais le renom d'une loyauté parfaite, même envers leurs rivaux, est préférable, à leurs yeux, à la différence qu'il y

---

1. « *Les industriels possèdent la supériorité sous le rapport de l'intelligence.* » (*Saint-Simon*, Catéchisme, *1ᵉʳ cahier, p. 10.*)

a entre 76 et 80, dût cette différence se prélever sur une douzaine de millions.

Les industriels vont être fort utiles d'ici à quelques années; mettant à profit le degré de liberté dont nous jouissons, ils vont changer et améliorer tout le commerce de France. On aimera mieux gagner quatre mille francs que les recevoir du budget. Un fabricant millionnaire ne sollicitera plus une place de sous-préfet.

La France, plus heureuse que l'Angleterre, ne connaît pas les substitutions. Les nobles, d'ici à vingt ans, loin d'avoir horreur de l'industrie, apprendront d'elle qu'il est utile et agréable de profiter du degré de liberté qui nous est accordé pour augmenter sa fortune. Le plus noble marquis, qui possède en biens-fonds deux millions qui lui rendent à peine vingt mille écus, vendra la moitié de sa terre, et placera dans une manufacture de calicot un million, qui, à lui seul, lui vaudra soixante mille francs de rente. A partir de ce moment, ce privilégié, lui-même, deviendra l'ami de cette portion de liberté indispensable pour qu'il y ait un crédit public, et pour que toutes les manufactures prospèrent, surtout celles du calicot; loin de solliciter les coups d'Etat, il les redoutera.

Telle peut être l'une des grandes utilités futures de l'industrie, elle séduira les ennemis naturels de la liberté, et nous fera jouir en paix de ce premier des biens.

Il n'y a que deux manières de le conquérir : la force des armes, comme ont fait Cromwell et Bolivar, ou le perfectionnement de la raison. C'est par cette dernière route que l'industrie, amie de la paix, peut un jour conquérir le côté droit et le clergé, et nous conduire à la mise en pratique de la Charte[1].

Mais ne nous y trompons pas. La raison est une déité sévère; dès qu'on prétend la servir en prêchant une

---

1. *Nous ne désirons d'autre liberté que celle donnée par la littérale et consciencieuse exécution de la Charte. Nous n'avons pas assez de vertu pour exercer gratis, ou à peu près, les fonctions de préfet, de ministre, d'administrateur de tous les établissements publics, c'est-à-dire pour être plus libres que la Charte ne le permet. On sait que le président des Etats-Unis d'Amérique reçoit annuellement cent vingt-cinq mille francs; c'est probablement moins que M. le préfet de Paris.*

erreur, la toute-puissante raison cesse ses effets bienfai-
sants, et la civilisation s'arrête. C'est donc hâter le
bonheur de la France que de faire apercevoir nos grands
industriels du ridicule qu'ils se donnent en faisant
proclamer tous les samedis qu'ils sont supérieurs à toutes
les classes de la société. Dans la vie d'une nation, chaque
classe est utile à son tour. Si la Grèce réussit à
s'affranchir, des milliers de négociants s'y établiront; ils
y porteront des glaces, des meubles d'acajou, des
estampes, des draps, etc. Mais les bonnes lois qui
permettent au commerce de fleurir, sera-ce ceux qui
auront eu la sagesse de les faire? Mais le courage qu'il
aura fallu pour exterminer les Turcs et pouvoir mettre
ces bonnes lois en vigueur, l'auront-ils eu?

Il y a six mois que Santa Rosa s'est fait tuer dans
Navarin; il n'y a pas un an que lord Byron est mort en
cherchant à servir la Grèce. Où est l'industriel qui ait fait
à cette noble cause le sacrifice de toute sa fortune?

La classe pensante a inscrit cette année Santa-Rosa et
lord Byron sur la tablette où elle conserve les noms
destinés à devenir immortels. Voilà un soldat, voilà un
grand seigneur; pendant ce temps, qu'ont fait les indus-
triels?

Un honorable citoyen a fait venir des chèvres du Tibet.

Le producteur, N° 1

Introduction

« *Le journal que nous annonçons a pour but de*
développer et de répandre les principes d'une philoso-
phie nouvelle. Cette philosophie, basée sur une nouvelle
conception de la nature humaine, reconnaît que la
destination de l'espèce sur ce globe est d'exploiter et de
modifier à son plus grand avantage la nature extérieure;
que ses moyens pour arriver à ce but correspondent aux
trois ordres de facultés, physiques, intellectuelles et

morales, qui constituent l'homme ; enfin, que ses travaux, dans cette direction, suivent une progression
toujours croissante, parce que chaque génération vient
ajouter ses richesses matérielles à celles des générations
passées, parce qu'une connaissance de plus en plus
étendue, certaine et positive des lois naturelles lui permet
d'étendre et de rectifier sans cesse son action ; parce que
des notions toujours plus exactes de sa destination et de
ses forces la conduisent à améliorer incessamment l'asso-
ciation, l'un de ses moyens les plus puissants.

Considérée de ce point de vue, la vie de chaque
individu se compose de deux séries d'actions, dont les
unes n'ont pour but que l'existence de l'individu même,
tandis que les autres ont, de plus, pour résultat le
développement de l'action progressive de l'espèce, et
concourent ainsi à l'accomplissement de sa destination ;
d'où la distinction de l'intérêt commun et de l'intérêt
privé, base de toute morale.

« C'est d'une heureuse harmonie entre ces deux ordres
de faits que dépendent les progrès et la prospérité des
nations et des individus. La combinaison sociale dans
laquelle toutes les jouissances, la satisfaction de tous les
besoins de l'individu, seraient aussi des moyens pour
l'accomplissement de la loi de l'espèce, est la limite, en
prenant cette expression dans le sens mathématique, vers
laquelle convergeront toujours, sans jamais l'atteindre,
les travaux théoriques et pratiques ayant pour but
l'établissement de cette harmonie. En s'appuyant sur ce
point de départ, les travaux de cette philosophie, quant à
ce qui regarde le passé, consistent à chercher à chaque
époque, dans les institutions, les travaux et les actions de
l'homme, ceux qui ont concouru au développement de la
civilisation, et ceux qui ont été pour elle un obstacle ; à
distinguer dans les premiers creux dont le secours a été
direct ou indirect, et à préciser la nature, la durée et le
degré d'utilité de chacun. Quant à ce qui regarde l'avenir
et le présent, elle s'occupe de déterminer d'une manière
positive et détaillée, par la connaissance et l'érection en
lois des faits généraux du passé, le but d'activité actuelle
de la société, l'ordre des rapports moraux et politiques

correspondants, et les travaux qui doivent en préparer l'établissement.

« Elle a reconnu que dans les institutions, les travaux et les actions de l'homme, ceux-là seulement qui se rapportent aux sciences, aux beaux-arts et à l'industrie, ont toujours, directement, et de plus en plus, concouru au développement de la civilisation; que tous ceux, au contraire, qui n'appartiennent pas proprement à l'un ou à l'autre de ces trois objets d'activité n'y ont concouru qu'indirectement, etc. etc. »

Stendhal, 1825

Après le *Nouveau complot,* Beyle pouvait très bien devenir une figure du journalisme et de la librairie parisienne. Par une sorte d'acte suicidaire, il écrit, au contraire, un texte qui devait le couper du public, un texte cryptique, tourné vers l'intérieur et non plus vers la place publique. On a vu, plus haut, les raisons profondes de ce changement de front et d'écriture. Comprenons bien que, sous les apparences d'une nouvelle intervention dans l'actualité directe (l'affaire *Olivier*), Beyle, en fait, subvertit complètement sa propre pratique : cette actualité, qu'il semble épouser, il la quitte, mais aussitôt il la rejoint par la nature des problèmes que pose son premier roman : où se situer par rapport au style romantique et au style bourgeois ? Où se situer par rapport aux idéologies nobiliaires et libérales ? Où être soi ? L'intellectualisme analytique cède la place aux fantasmes, et c'est par les fantasmes que passe la vision du réel.

On voudrait pouvoir proposer au lecteur de lire *Armance* d'abord comme le firent les lecteurs de 1827 : un jeune aristocrate polytechnicien refuse aussi bien les valeurs et les pratiques de sa propre classe que les servitudes auxquelles l'engagent et l'exposent sa science et son métier : servir, comme ingénieur, les « capitalistes » libéraux de la Chaussée d'Antin ou, comme officier, un ordre établi fade et sans intérêt ; il aime sa cousine Armance ; il en est aimé ; un malentendu passager dissipé (Octave devient riche grâce à la loi d'indemnité votée au profit des émigrés en 1825 : cette fortune lui monte-t-elle à la tête ? ou sa cousine est-elle intéressée ?), on s'attend à ce qu'il puisse être heureux avec cette jeune fille elle aussi de qualité ; il l'épouse en effet ; mais quelques jours après son mariage, il s'enfuit ; il se suicide sur le bateau qui le conduit vers la Grèce en pleine insurrection. Pourquoi ? Stendhal ne s'était guère soucié d'aider son lecteur. Un peu comme dans *De l'Amour,* il se refusait à fournir la clé. Comment s'étonner qu'on trouvât ce roman bizarre ? Au mieux, Octave n'était-il pas un de ces jeunes gens étranges tel que les faisait la génération romantique ? Un beau ténébreux de plus ? En fait il existe bien, dans le texte, des clés pour sa lecture. Mais on ne les repère aujourd'hui (par exemple la visite au tombeau d'Abélard) que parce que nous disposons de la clé majeure dont nulle lecture ne peut plus faire l'économie. Il s'agit de cette fameuse lettre de Stendhal à son ami Mérimée dans laquelle il livre le secret de son héros : Octave est un « babilan », un impuissant ; par des subterfuges, il a pu faire croire à l'innocente Armance qu'elle était épousée ; mais il n'y avait plus pour lui d'avenir... On peut bien essayer de lire le roman *comme si* on ignorait cette lettre ; c'est un exercice salutaire ; il a nécessairement ses limites, et voilà sans doute le plus bel exemple à méditer des relations qui unissent un texte à une explication qui lui est extérieure. On peut quand même, il est vrai, retrouver une unité : le vrai texte d'*Armance* c'est celui du roman *plus* celui de la lettre ; écrivant le roman, Stendhal sait qu'il piège le lecteur ; mais écrire le roman est aussi un exercice privé, quelque chose que l'on fait pour soi. *Armance,* ainsi, est à l'absolu opposé du roman produit de consommation, et s'inscrit encore, comme *De l'Amour,* dans le registre du journal : simplement l'exercice de rédaction romanesque y est plus poussé. A la limite, *Armance* est une anecdote pour illustrer la lettre. Mais cette fois l'anecdote a dépassé les quelques pages en passant.

Armance fut écrit en 1826 et publié en 1827. La décision de publier un roman était due à un petit scandale parisien : on parlait fort d'un roman scandaleux et confidentiel, *Olivier ou le secret,* de la duchesse de Duras. Il s'agissait des amours d'un impuissant. Henri de Latouche voulut profiter de la situation et, comme la duchesse gardait pour elle et quelques amies son texte, il publia un *Olivier.* Stendhal eut alors l'idée d'entrer à son tour dans le jeu : son héros à lui s'appelait aussi Olivier. Mais il modifia profondément le sujet en donnant la peinture de la société aristocratique parisienne (premier sous-titre prévu : *Ou le faubourg Saint Germain*) avec cet extraordinaire repoussoir d'un polytechnicien pour la juger. Une interruption de sept mois intervient dans la rédaction en février 1826 : voyage en Angleterre, rupture avec Menti, idées de suicide qui vont passer dans le roman. Celui-ci fut terminé en octobre. C'est de discussions avec Mérimée sur le dénouement que résulte « la lettre ». C'est Mérimée qui obtint de changer Olivier en Octave. Urbain Canel, éditeur à la mode des romantiques, donna 1 000 francs pour le manuscrit. Stendhal avait envisagé un nouveau sous-titre : *Anecdote au XIXe siècle*. Sur le conseil de Canel, il mit : *Quelques scènes d'un salon de Paris en 1827,* ce qui était habile « charlatanisme » comme on disait alors pour faire vendre le livre et piquer la curiosité. Malgré les conseils de Mérimée, Stendhal refusa de signer. Il se contenta de mettre son pseudonyme au bas de l'avant-propos dans lequel il déclarait n'être que le correcteur du style dans ce récit dont l'auteur était « une femme d'esprit ».

Le succès fut nul. En 1828 on lança, conformément à l'usage, une pseudo-seconde édition faite avec les invendus. Puis *Armance* fut oubliée pendant longtemps. Les lecteurs de la réédition Michel Lévy de 1853 ne connaissaient toujours pas « la lettre »... *Armance* est aujourd'hui l'un des textes fondateurs de Stendhal en ce sens que c'est le roman des interdits : sexuels, sociaux, avec leurs interférences et intersignifications. La critique stendhalienne l'a longtemps enfermé dans le psychologique. Si on lui restitue sa dimension politique — il suffit pour cela de lire le texte — on y découvre bien l'assise fondatrice de tout le romanesque critique stendhalien : machine à vapeur, décadence noble, refus de la « classe pensante » de servir la bourgeoisie, impuissance sexuelle figurative de l'impuissance sociale, règne des interdits dans un univers pourtant libéré. Il ne manque dans *Armance* que le peuple.

Mais en 1826 le peuple est encore totalement hors course dans le jeu social. Quelques mois, quelques années encore et les choses (et le héros !) vont changer.

N.B. Le texte inédit d'*Olivier* de Mme de Duras a été publié d'après le manuscrit par les soins de Denise Virieux à la librairie Corti en 1971.

1. Les chemins de la rédaction

L'histoire de la rédaction et de la publication est parfaitement connue. C'est dans la nuit du 25 au 26 octobre 1829, à Marseille que Beyle conçut l'idée d'écrire un roman qui s'intitulerait *Julien*. Il ne reste rien de cette première ébauche qui devait être, d'après des confidences de 1836, assez courte et peut-être limitée à la première partie. Le récit, alors, était sec. Le travail fut repris aux premiers mois de 1830 dans une atmosphère de bonheur bien différente de celle qui avait présidé à *Armance* en 1826 (idées de suicide) : Beyle venait de retrouver l'amour avec Giulia Rinieri après avoir été abandonné, en 1829, par Alberte de Rubempré. Le travail avança vite, l'auteur écrivant d'abondance et nourrissant sa seconde partie de ses observations des jeunes gens de l'aristocratie parisienne dans les salons qu'il fréquentait. Le 8 avril, contrat fut signé avec l'éditeur Levavasseur. Le titre était toujours *Julien*. Le manuscrit ne fut pas remis fin avril comme promis, la seconde partie prenant des dimensions inattendues. Avant le 15 mai l'impression commence, avec cette fois le titre définitif. Au moment où éclate la révolution, l'imprimerie en est au chapitre VIII de la seconde partie. *(Quelle est la décoration qui distingue?)*. Le travail reprit en septembre. Profitant du changement de régime, Beyle avait ajouté (ou décidé de publier) des passages impossibles avant Juillet et qu'aurait interdits la censure de Charles X. Le roman paraît dans la première quinzaine de novembre. En mars 1831 Balzac dans *Le Voleur* salue *Le Rouge et le Noir* comme l'une des œuvres marquantes de « l'école du désenchantement ». Les exemplaires se vendirent bien (succès « pyramidal », dira plus tard Stendhal lui-même) mais on ne peut parler, malgré tout, d'événement littéraire : Balzac, alors, avec ses *Scènes de la vie privée* et ses *Contes philosophiques* aura une tout autre influence.

A prendre les choses de l'extérieur et en termes de pur récit, deux nouvelles publiées entre *Armance* et *Le Rouge* permettent de repérer ce qui est en train de se mettre en place : *Vanina Vanini,* publiée en décembre 1829 dans la *Revue de Paris* et *Mina de Vanghel,* commencée en décembre 1829 et terminée le 7 janvier 1830 mais demeurée inédite et qui ne sera publiée qu'en 1853 à partir du manuscrit retrouvé dans les papiers de Stendhal. *Vanina* raconte l'amour d'une jeune fille de haute noblesse pour un conspirateur carbonaro. « Au moins, proclame-t-elle, celui-là a fait autre chose que se donner la peine de naître. » De même Mathilde dira de Julien : « Celui-là n'est pas né à genoux. » Quant à la visite de Vanina à son amant dans sa prison elle est évidemment une première image de la visite de Mme de Rênal à Julien dans sa cellule de Besançon. Supérieure aux gens de sa classe dont elle méprise le conformisme et la platitude, non seulement Vanina aime un plébéien énergique mais elle en vient à comprendre et partager ses idées politiques. Le romanesque toutefois demeure rapide et schématique : Vanina ne découvre pas peu à peu son amant et c'est par un beau trait de courage un peu rapide et gratuit qu'elle décide de violer les tabous. Dans *Mina*, il s'agit d'une jeune Allemande sentimentale qui découvre Paris. Son père, espèce de philosophe qui annonce le père de Lucien Leuwen, s'imagine que les jeunes Français pensent encore à vivre, à séduire les femmes et à être heureux. En fait, ils ne pensent qu'à l'argent et à la « doctrine » ; ils sont pourris et affaiblis de calculs et de vanité. Cette fois ce n'est pas l'Italie énergique et héroïque qui est opposée à la « petite ironie française » et à cette émotion qui « jamais ne s'ignore elle-même », mais l'Allemagne romanesque et sensible[1]. Romanesque et sensibilité toutefois ne signifient pas mièvrerie ou passivité : Mina se déguise en domestique pour approcher et conquérir celui qu'elle aime, et l'on comprend que l'Allemagne du sentiment fonctionne ici également comme un ailleurs de l'énergie. De plus, ce besoin d'un recours extérieur et d'un ailleurs idéologique ne fonctionne pas seulement, comme dans *Vanina*, contre les ultras qui ne rêvent que revanches médiévales et poings coupés mais contre ces jeunes gens calculateurs et anti-naturels produits par la civilisation française et bourgeoise. Ainsi, femme naturelle et supérieure qui se démarque par rapport aux conventions, héros énergique et révolté qui tranche sur les jeunes gens à la mode : quelque chose s'est passé depuis *Armance ;* il ne s'agit plus seulement d'une inaptitude et d'un creux, d'une non-insertion dans les schémas et les intérêts dominants ; il s'agit déjà de désirs qui se traduisent en actes. *Armance* tenait encore, souvent, du roman-poème. Avec *Vanina et Mina* se dessine un romanesque de l'initiative. Le

---

1. Ce romanesque « allemand » se retrouvera dans *Lucien Leuwen* avec le café-hauss du Chasseur vert, la musique de Mozart, etc. Et qui y sera sensible, exceptés Bathilde et Lucien ?

roman passe à l'action et il n'est plus question de jeune
homme impuissant ni de féminité uniquement définie et
cernée par ses interdits. C'est que — et là on a des
repères plus profonds — Stendhal venait de faire une
découverte décisive.

2. Une comédie et une tragédie moderne.
Où les femmes de chambre
ne sont pas des marquises.

En 1836 Stendhal, se relisant, note dans les marges
d'un exemplaire du *Rouge* : « On ne peut plus atteindre
au vrai que dans le roman », et : « Je regarde le roman
comme la comédie au XIXe siècle. » La comédie est
devenue impossible depuis que la « démocratie », c'est-
à-dire la démocratie bourgeoise, a « peuplé le théâtre
des gens grossiers », qui font le succès du mélodrame et
du vaudeville. « La majorité qui juge les pièces a donc
changé, et changé en mal par la Révolution qui a donné
le bon sens à la France. » Or, dans le roman, « on n'a
affaire qu'à un spectateur à la fois », qui seul peut juger
« les choses fines ». Ces « choses fines », il faudra
« cinquante ans » aux descendants du nouveau public
du théâtre pour être capable de les juger. Le roman, s'il
est la comédie nouvelle, ne saurait donc être, dans
l'immédiat, une comédie populaire. A terme, toutefois,
et par l'intermédiaire des lectures individuelles, il
s'adresse à tout un vaste public en formation. Pourtant
le théâtre n'est jamais très loin du *Rouge* et on devine
aisément des schémas d'écriture scénique derrière tel
chapitre qui fait scène et dialogue. C'est ainsi que la
grande scène sur les lettres anonymes entre Mme de
Rênal et son mari est très directement inspirée du
Mariage de Figaro (entrée furieuse du mari jaloux,
porte enfoncée mais ici d'un secrétaire, épouse qui
retourne en sa faveur une situation délicate) et qu'on
l'imagine très bien *jouée*. De même la scène dans

laquelle M. de Rênal interrompt un délicieux moment d'intimité entre Mme de Rênal, Julien et les enfants. On trouverait beaucoup d'autres exemples dans la seconde partie. Comme chez Balzac, on écrit alors beaucoup de romans en pensant en termes de théâtre. Si toutefois il y a comédie, représentation de la vie, c'est à un niveau beaucoup plus intéressant et beaucoup plus profond que simplement technique. Corneille avait écrit *Le Cid* à partir des affaires de duel. Stendhal a écrit *Le Rouge* à partir de deux grandes affaires réelles qui ont lancé dans une direction inattendue le romancier de l'ennui et de l'impuissance qu'était encore l'auteur d'*Armance :* ce sont deux procès criminels qui l'ont fait sortir de la seule problématique de la vie qui se traîne et de l'autodestruction pour découvrir, avec des nouvelles composantes sociales et politiques, la problématique de la violence et de l'énergie. Dans les *Promenades dans Rome* (1829) il oppose vivement le naturel et la passion des Italiens (que la Révolution française a d'ailleurs éveillés et qui restent marqués par ses souvenirs d'héroïsme et de liberté) aux calculs des Français, avec leurs vanités et ambitions inquiètes. Toutefois, un doute lui vient : n'y aurait-il pas, sans qu'on le sache et sans qu'on en parle, dans les profondeurs populaires françaises, des ressources de nature et d'énergies inattendues ? Une affaire criminelle jugée par les assises des Hautes-Pyrénées a servi de déclencheur. Il s'agit de l'affaire Lafargue à laquelle Stendhal consacre une longue digression : un jeune ébéniste avait abattu à coups de pistolets puis décapité une maîtresse qui s'était jetée à son cou puis l'avait trahi. Froid, méthodique, parlant bien, Lafargue avait demandé à l'armurier de lui charger les pistolets du crime. Stendhal opposait tout cela à la mollesse des hautes classes : « Les passions déploient une énergie effrayante dans la petite bourgeoisie, parmi les jeunes gens qui, comme M. Lafargue, ont reçu une bonne éducation, mais que l'absence de fortune oblige au travail et met en lutte avec les vrais besoins. » Quels étaient ces « vrais besoins » ?

Une affaire criminelle antérieure devait, dans cet éclairage, faire masse avec l'affaire Lafargue et mettre en mouvement l'idée d'un sujet de roman. Il s'agit de la fameuse affaire Berthet, jugée fin 1827 par les assises de Grenoble : le fils d'un maréchal-ferrant de Brangues (le village de Paul Claudel !...) avait abattu, lui aussi à coups de pistolets, dans l'église paroissiale, son ancienne maîtresse, femme de son patron. Il avait été exécuté le 29 février 1829. Stendhal avait été fort accroché par le récit du procès dans la *Gazette des tribunaux,* qui était l'une de ses lectures favorites et qu'il cite souvent dans ses articles des journaux anglais comme un recueil réaliste de tableaux de mœurs vraies.

L'intérêt majeur est ici que Stendhal soit parti de faits réels mais aussi et surtout qu'il leur ait fait subir d'importantes transformations, qu'il les ait élevés à un degré de signification nouveau. Pour ce qui est de l'affaire Berthet, qui devait le toucher particulièrement à cause de l'environnement grenoblois, le tri opéré par lui fait apparaître des différences considérables. Berthet, au lieu d'être un héros de dessin pur et dur, est un pauvre diable monomane et « persécuté » ; sa conduite est saccadée ; il est sans cesse en état d'infériorité et jamais n'entraîne l'adhésion ; s'il tue, finalement, ce n'est que pour une place et l'on chercherait en vain chez lui de hautes motivations philosophiques ou politiques. Berthet n'est finalement qu'un assez plat héros de fait divers. Du côté de sa victime, les différences aussi sont considérables : Mme M... semble bien avoir été non pas une femme innocente, sincère et cherchant le bonheur et la vérité, mais une coureuse, et Berthet semble avoir éprouvé vis-à-vis d'elle les mêmes sentiments que Rousseau vis-à-vis de Mme de Warens lorsqu'il se vit remplacé par le jardinier Claude Anet ; la défense insiste d'ailleurs sur le fait qu'elle a été l'initiatrice et la corruptrice de son jeune amant : c'est elle qui l'a lancé, puis qui l'a brisé etc. Si de Berthet on pouvait à la rigueur tirer un héros, grâce au caractère exceptionnel de son aventure et de son crime, il n'en était sûrement pas de même de sa maîtresse dont les bien-pensants, et notamment le curé lors de sa déposition, ont bien du mal à tenter de sauver l'image et la réputation. L'affaire Berthet ne *rayonne* guère et Stendhal a dû, pour en tirer l'histoire exemplaire de Julien, y faire intervenir tout ce qu'il y avait d'infiniment plus fort dans l'affaire Lafargue. Les éléments ponctuels retenus sont cependant importants et significatifs : Berthet veut faire carrière dans l'Eglise ; c'est une servante congédiée qui, comme Elisa, met le mari au courant : chassé de chez M. de M... il entre chez M. de C... où il y a une Mlle de P..., (mais fade, et qui n'a rien à voir avec Mathilde), et son crime de sang est aussi un sacrilège. Surtout, Berthet, malgré sa platitude, incarne le combat des pauvres contre les riches, et ceux qui l'accusent et le jugent ne s'y trompent pas, donnant à son aventure un sens très fort : « Il s'était, en imagination, créé un avenir brillant, d'autant plus glorieux qu'il ne l'aurait dû qu'à ses talents. Le fils du maréchal-ferrant de Brangues s'était fait en perspective *un horizon peut-être sans bornes.* » Sur une telle phrase, Stendhal, n'en doutons pas, a pu rêver. Mais c'est le commentaire, ici, qui est la source, beaucoup plus que l'événement lui-même.

On est donc bien parti du réel mais on a fait tout autre chose que simplement le reproduire. Stendhal s'inscrit d'ailleurs ici dans un mouvement très large qui, au début du XIXe siècle, fait découvrir au public et aux écrivains le sens et l'intérêt du crime et des criminels, invitant par là même à réfléchir sur la Justice et donc sur la société qui la commande. Le *Dernier jour d'un condamné* de Hugo en 1827, les scènes ou souvenirs de guillotinades chez Henri Monnier, Nodier, Janin, la publication des *Mémoires* du bourreau Samson en 1828 sinon commandent du moins situent le *Rouge* dans tout un climat. On guillotinait beaucoup en France sous la Restauration (une fois tous les dix jours !), que ce soit au criminel ou au politique, et les exécutions, publiques, attiraient des foules immenses. La littérature se faisait l'écho du phénomène. Mais pourquoi cet intérêt porté à la peine de mort et aux criminels ? Il ne s'agissait pas seulement d'humanitarisme vague. Il s'agissait de questions que l'on se posait sur la Justice et sur le droit de punir d'une société dont l'innocence apparaissait de plus en plus problématique. Face aux pouvoirs, le criminel, le prisonnier, le condamné à mort deviennent des figures qui provoquent la pitié, l'intérêt, voire des sentiments fraternels. Les bien-pensants s'en émeuvent et voient des ferments de subversion dans cette littérature. On mesure ainsi sur un point précis comment le moi et la réaction personnelle de Stendhal s'inscrivent dans un mouvement général. L'histoire, neuf ans plus tard, dans *Le Curé de Village* de Balzac, de l'ouvrier porcelainier Tasheron, assassin pour l'amour d'une dame de la société et guillotiné à Limoges, Tasheron qui sera clairement le héros du livre, est un prolongement significatif de ce combat.

Mais il faut tenir compte d'un autre élargissement. Car le *Rouge* est un roman d'amour, et là, quels périls, que Stendhal voyait bien !... Il dira plus tard : « La principale crainte que j'ai eu en écrivant ce roman, c'est d'être lu par les femmes de chambre et les marquises qui leur ressemblent. » *Julien* pouvait bien n'être, en effet, qu'une histoire de coucherie. Il fallait éviter de faire bas, par exemple de ne fonder les aventures amoureuses du héros que sur le désir et l'amour physique. Il fallait faire intervenir des motivations plus complètes, plus hautes, qui donnent au désir et à l'amour physique une signification plus large et plus moderne. L'amour et le désir devenaient, étaient devenus politiques, médiatisés par le politique. Dans un projet d'article de 1836 Stendhal écrira : « Mlle de La Mole [...] estime Julien parce qu'elle se figure qu'il sera un nouveau Danton. Voilà encore une des circonstances de notre roman qui eût été impossible avant 1789. Un jeune plébéien ne pouvait séduire une grande dame que par... le tempérament. » On n'en est plus là, parce que les rapports amoureux fonctionnent et signifient désormais nécessairement à l'intérieur de rapports sociaux, politiques et idéologiques plus clairement vécus et perçus comme tels. On est sorti du simple libertin comme du simple romanesque : et ceci, marquises et femmes de chambre ne peuvent le comprendre, si l'on entend par-là celles qui sont si profondément marquées par l'idéologie dominante qu'elles ne cherchent dans les livres que la reproduction des schémas familiers. Stendhal se moque de ces schémas lorsqu'il dit par exemple que Julien, « en style de roman », n'avait plus rien à désirer lorsqu'il sortit de la chambre de Mme de Rênal. Preuve que son roman dit autre chose. Autre chose de grave : Mme de Rênal était ignorante en amour, Julien était vierge, et si leur première nuit fut, du moins pour lui, uniquement la victoire de l'orgueil, la seconde seule fut celle du partage, du plaisir et du bonheur, une sorte de conversion. On ne peut, platement, se gargariser d'un tel romanesque : il faut le comprendre, et en le comprenant, lire la vie dans toute sa complexité, les problèmes du sexe et du cœur : interférant profondément avec ceux de l'expérience et des marques sociales. Que Mme de Rênal soit — se révèle — voluptueuse alors que Mathilde, malgré sa beauté, demeure baignée de frigidité, que Julien trouve et retrouve dans la première, avec l'amante, la mère, la sœur et l'amie que ne lui sera jamais la seconde, bel objet à vaincre mais jamais être avec qui partager et qui ne parvient pas, malgré tout son amour et sa détermination, à établir la communication profonde avec Julien, n'est pas que hasard psycho-physiologique. Pour Mathilde, son amour est une impasse. Impasse héroïque mais impasse quand même. C'est que Julien, dans la prison, a retrouvé Mme de Rênal et compris qu'il avait été le piège de son ambition. On est loin, dès lors, aussi bien des promenades d'un séducteur parmi les femmes que de l'idyllique et mystificatrice réalisation d'un amour idéal à l'écart ou en dehors des rapports sociaux. C'est là que se fait la rupture capitale avec les romans pour marquises et femmes de chambre : *Le Rouge,* roman d'amour, n'est pas un roman de l'évasion hors du réel, et l'amour n'y est pas pourvoyeur d'illusoires « solutions ». Il sert au contraire à poser fortement les

problèmes individus-société. Le triste Berthet était là
d'un faible secours. Lafargue, par contre... Oui, nul
doute que l'affaire Lafargue, ici, servît de contrepoint
héroïque et significatif à l'affaire Berthet : non seulement le roman devenait la *comédie* (représentation du
réel des mœurs) mais il devenait la *tragédie* moderne
(représentation des conflits). La mort d'un jeune paysan sur l'échafaud, dans la suite logique d'une affaire
d'amour et d'ambition, prenait la place et le relais des
grandes catastrophes de la littérature héroïque et noble
de la tradition. Ni *happy end* ni catastrophe purement
émotionnelle ou psychologique. Les héros du *Rouge* ne
sont pas, au sens de la pratique et de l'idéologie
dominante, des héros de roman, c'est-à-dire des héros
dont les aventures, compensatrices pour le lecteur,
puissent aider à gommer le réel et ses contradictions ; ce
sont des héros de la prise de conscience. Avec *Le
Rouge,* le roman s'affirme non plus comme le genre de
la reproduction des rapports idéologiques mais de leur
mise en cause. Le roman traditionnel — la formule de
Stendhal le prouve — tendait à faire croire aux femmes
de chambre qu'elles étaient de la même espèce et
condition que les marquises. Elisa, fille de bon cœur
mais profondément mystifiée, victime de l'ordre et son
agent inconscient, cet ordre qui l'enferme dans la
condition et dans sa vision de femme de chambre, la
malheureuse Elisa n'a pas été seulement mystifiée par
sa condition, ; elle l'a été aussi par des romans qui l'ont
conduite à intérioriser toute la vision bourgeoise du
monde. Ce n'est pas pour elle que Stendhal a écrit ;
c'est-à-dire ce n'est pas pour renforcer sa manière de
voir les choses ; ce n'est pas pour flatter ou renforcer ce
que le système a fait d'elle. On le comprend aujour-
d'hui : en écrivant *Le Rouge* Stendhal a contribué à
faire voler en éclat le système de représentation par
lequel les femmes de chambre s'imaginent être des
marquises. Mais voici autre chose : dans les romans
pour marquises et femmes de chambre, non seulement
le sujet mais le temps est sans problèmes et paresseux,
facile. Tout y coule de manière unie. Il n'en va pas de

même dans *Le Rouge* : le temps réel s'y casse et un autre temps intervient, le temps romanesque qui met en cause par des moyens propres le temps et la chronologie officielle de l'idéologie dominante telle qu'elle s'exprime dans l'écriture de l'Histoire.

3. Un problème de chronologie : signification politique du temps

Au début il n'y a pas de difficulté : c'est dans la seconde partie que tout se complique. Et cette complication est pleine de sens : comment le temps historique et romanesque fonctionne-t-il de part et d'autre de la révolution de 1830 ? Quelques repères explicites ou faciles à expliciter permettent d'établir un ordre assez rigoureux.

1821. Début de l'année : le père Sorel accepte de céder à M. de Rênal le terrain sur lequel est établie sa scierie. M. de Rênal, grâce au rôle qu'il a joué dans les élections (gagnées par la droite ministérielle ; système du « double vote », grâce auquel les propriétaires les plus imposés — les propriétaires fonciers, non les titulaires de patentes — votaient deux fois ; 258 députés étaient élus par tous les électeurs et 172 par ceux qui votaient deux fois), obtient le détournement du ruisseau qui traversait son jardin.

1827 Automne : M. de Rênal engage Julien comme précepteur. Julien est âgé de dix-huit ou dix-neuf ans. Villèle va perdre les élections.

1828 Printemps : installation à Vergy.

Juin-juillet : belle saison. Julien devient l'amant de Madame de Rênal.

Septembre : un roi à Verrières. Martignac au pouvoir.

Fin de l'année : le scandale éclate. Départ de Julien.

1829 Début(?) Julien au séminaire.

Pour établir ce dernier point, le raisonnement à tenir est simple. A la fin de l'hiver 1830 en effet, Julien est chez les La Mole et, par deux fois, Stendhal établit une comparaison entre le printemps qui va commencer et le printemps précédent, alors que son héros était au séminaire. Il ne fait donc aucun doute que ce séjour au séminaire se situe de part et d'autre du printemps de 1829 et il faut prendre pour une inadvertance de Stendhal, commentant après coup son œuvre dans le projet d'article de 1836 : « au bout d'une année Julien est devenu moins gauche dans ce salon… » ; de même, et pour les mêmes raisons, *Façons d'agir en 1830* ne peut valablement s'appliquer au contenu du chapitre XXII, alors que Julien est encore à Verrières ; c'est le sous-titre d'ensemble du roman qui commande ici, et la date de rédaction.

L'épisode Verrières-séminaire est ainsi rigoureusement construit. Il fait très « roman ». C'est sans doute qu'il a été écrit relativement à loisir et aussi en grande partie sous la dictée conductrice, comme on va le voir, des souvenirs relatifs à l'affaire Berthet. L'épisode parisien au contraire part en tous sens, puis s'échevelle. Il a dû être écrit beaucoup plus vite, remanié, surchargé à toute vitesse, parfois sans doute sur épreuves, sans que l'auteur prenne grand souci de faire tout tenir ensemble. Qu'on en juge :

1829 Août : ministère Polignac. Grosse émotion. Devant cette provocation, les forces libérales se mobilisent.

Automne(?) : Julien chez M. de la Mole.

1830 (deuxième quinzaine de février) Paris se passionne pour *Hernani*.

2 mars : discours du Trône, menaçant, de Charles X.

30 avril : Julien apprend le secret de Mathilde.

fin mai : Mathilde feint de s'évanouir et s'appuie sur le bras de Julien.

début juin : Mathilde s'avoue qu'elle aime Julien. On prépare l'expédition d'Alger. Vive tension politique mais les milieux dirigeants ne sont pas inquiets.

Julien devient l'amant de Mathilde.

M. de la Mole joue à la Bourse en apprenant qu'il y a apparence de coup d'Etat.

Mathilde fait allusion « aux événements qui vont fondre sur nous » et à une révolution possible.

10 juin : Julien récite la note secrète au duc. Il a rendez-vous avec le duc le 22.

12 juin : arrivée à Strasbourg.

20 juin : Julien quitte Strasbourg où il a retrouvé le prince Korajov.

Le marquis de la Mole va être ministre et prépare, avec la camarilla, un plan pour liquider la Charte en trois ans.

Après le 22 juin : retour de Julien à Paris.

1er juillet : Julien envoie sa première lettre à Mme de Fervaques.

Juillet : Julien envoie (une par jour) quinze lettres à Mme de Fervaques.

Après le 15 : réélection des 221.

Fin juillet : Mathilde veut lire l'ouvrage de Smollet sur la révolution anglaise de 1688. Elle est enceinte. (?)Mathilde revient à Julien. Elle écrit à son père et évoque une échéance proche : « s'il y a révolution ». Le marquis s'écrie : « Nous marchons vers le chaos. » On est, normalement, à la veille des Ordonnances et de l'insurrection. On a envie de dire : alors ça vient ? Rien ne vient. Et pourtant lorsque M. de la Mole s'écrie : « Nous marchons vers le chaos », c'est après avoir évoqué la possibilité de « quelque grande mesure anti-jacobine » du gouvernement.

25 juillet : Ordonnances Polignac (absentes du roman).

A partir d'ici on entre en plein délire chronologique Un mois se passe sans que la négociation entre Julien et le marquis fasse un pas. On se trouve donc (théoriquement) reporté à... fin août. C'est ensuite la victoire de Julien, sa nomination comme lieutenant de hussard à Strasbourg, la lettre de Mme de Rênal, celle du marquis, celle de Mathilde, les coups de pistolet de

Verrières, l'arrestation. On se trouve courant septembre et Julien prévoit sa mort pour dans deux mois. La révolution a eu lieu depuis longtemps. Pourtant, le juge qui paraît dans la prison porte… « un large ruban blanc soutenant le lys ». Deux semaines plus tard Julien est transféré à Besançon. On est donc fin septembre. Mais Frilair est toujours tout-puissant, ainsi que la Congrégation et M. de la Mole, et le roi (Charles X, bien sûr !) réside toujours au château de Saint-Cloud, où Mathilde entend aller le solliciter…

Une chose est sûre : Stendhal qui avait, *avant* Juillet, débordé dans la chronologie de son roman le temps réellement écoulé n'a pas corrigé son texte *après,* si bien que tout se passe comme s'il avait voulu, au mépris de la chronologie interne telle qu'elle se développait, que Julien mourût alors que régnait encore Charles X, avant que la Restauration ait été jetée à bas par la Révolution de Juillet. Malgré toutes les invraisemblances, malgré les impossibilités manifestes, il n'a pas cédé. Simple négligence de quelqu'un qui avait autre chose à faire (il espérait devenir préfet) ? Cette explication ne saurait être satisfaisante : quand on laisse faire, on fait. Pourquoi Stendhal a-t-il laissé faire et donc fait ? Et quel sens, finalement, se trouve ainsi suggéré, peut-être voulu ?

Deux explications semblent s'imposer.

Il fallait d'abord que Julien fût tué sous le gouvernement le plus évidemment haïssable et réactionnaire : celui de la Restauration. Publier à l'automne 1830 (c'est-à-dire donner le bon à tirer pendant l'été) un *Rouge et Noir* dont la chronologie interne eût exigé la révolution mais dans lequel Julien n'eût pas été sauvé par le changement de régime, n'était pas pensable. C'est que ce nouveau régime n'était pas encore assez haï, n'avait pas encore assez déçu pour qu'on pût lui mettre une telle affaire sur le dos. Stendhal écrit bien à un ami le 15 août que « les intrigants ont paru » et qu'ils commencent à tout gâcher, mais ce n'est qu'en octobre-novembre, avec le procès des ministres et avec les premières émeutes dans Paris, que va s'ouvrir la faille qui n'ira que s'élargissant entre le gouvernement d'une part, l'opinion et les intellectuels de l'autre. A l'été on n'en est pas là. Pas encore. L'été est encore ensoleillé, l'opposition carliste encore assez forte et inquiétante, les souvenirs exécrés encore assez frais, le nouveau gouvernement encore assez énergique (Polignac est arrêté début août) pour que l'idée ne vienne même pas au romancier libéral, à l'homme qui avait tant admiré les coups de fusil de Juillet, d'inscrire l'affaire Sorel au passif du nouveau régime. Julien sera donc tué sous un Polignac artificiellement prolongé. Et puis réfléchissons : si Stendhal remaniait son roman en tenant compte de la révolution qui venait de se produire, *s'il la faisait entrer dans son champ et dans son temps romanesques, que de difficultés !* Comment imaginer que Julien ne vibrât pas à l'approche du choc gouvernement-opposition ? Comment imaginer que celui qui rejoignait ouvertement les amis du conspirateur Altamira, le conspirateur de la liberté, n'eût pas rejoint, physiquement ou moralement, les jeunes cohortes ouvrières et polytechniciennes [1]. C'était toute l'économie de la fin qui changeait. Le schéma mis au point avant la révolution ne tenait plus. Paris insurgé, Paris vainqueur, le drapeau tricolore, et Julien ne songeant qu'à lui, puis ne songeant qu'à Mme de Rênal ? Julien — insistons ! — ne rejoignant pas ? Impossible ! Si la révolution donnait à Stendhal la possibilité matérielle de développer, d'aggraver la fin de son roman, si elle le libérait et lui permettait d'écrire ou d'utiliser l'histoire de la note secrète, si elle lui permettait de donner à la conquête de Mathilde toute une force de revanche sacrilège que n'eût sans doute pas autorisée la censure de Charles X, elle ne lui permettait pas de se laisser mettre en scène et utiliser directement. Ou alors il fallait restructurer toute la chronologie. Et quel travail pour un dilettante !

Mais il y a plus important : est-ce que suffisamment d'éléments de critique antilibérale ne structuraient pas

---

1. Un film italien l'a fait : Julien meurt sur les barricades !...

le roman, lui donnant une signification profonde, pour qu'on n'ait pas besoin de courir tant de risques finalement inutiles ? Car si le procès, car si la mort de Julien se passent sous la Restauration, ce n'est pas tant contre la Restauration bourbonienne qu'a été créé, que se dresse et que signifie Julien Sorel que contre la Restauration en ce qu'elle avait déjà de *bourgeois*. Pendant tout l'épisode La Mole, Stendhal a fait certes de la belle et bonne critique antinobiliaire, de celle que pouvait faire, avant Juillet, tout libéral lucide. Un temps il continue à jouer de cet instrument. C'est ainsi que, chargeant contre Croisenois, Julien conclut : « Il faut encore d'autres choses pour se placer à la tête de la jeunesse française. » C'est ainsi qu'il prête à Frilair des expressions et des certitudes que l'événement a ridiculisées : « Je vais en faire un préfet. » Mais voici que brusquement tout change avec le discours de Julien devant le tribunal. Qui, en effet, dans ce discours se trouve accusé, et ce à une époque supposée se situer *avant* la Révolution, alors que la bourgeoisie combat pour la « liberté » ? Qu'est-ce qu'entendent Julien et Stendhal par « les gens riches » ? « la société » « votre classe » ? Les nobles ? Non : « des bourgeois indignés ». *Aucun aristrocrate ne figure dans le jury* et Julien, devant ce jury, accuse sa propre *pauvreté*. Mieux : il parle « d'aristocratie bourgeoise ». Et cette aristocratie bourgeoise venge l'autre, en la personne de ce Rênal que haïssaient tous les libéraux de Verrières ! Mais contre ce petit paysan, union sacrée ! Quel est le réflexe de classe fondamental de ces bourgeois ? Un réflexe de solidarité, avec tous les riches et les bien-pensants, fussent-ils nobles. Pourquoi ces bourgeois, s'ils avaient eu la tripe révolutionnaire, n'auraient-ils pas joui du viol de Mathilde ? N'entendaient-ils pas, eux aussi, s'imposer par la force aux grands seigneurs ? Mais il y a des limites, n'est-ce pas, à tout ! Dès lors le sens est clair, évident : rien n'a changé. Où sont-ils maintenant ces bourgeois qui ont condamné Julien ? Ils sont au pouvoir, avec Louis-Philippe. Un verdict rendu après Juillet n'aurait rien changé et ces bourgeois auraient quand même condamné Julien Sorel. Ils eussent eu les mêmes figures, les mêmes réactions, avec les mêmes mobiles, parce qu'avec les mêmes intérêts. La « curée » évoquée par Julien dans sa prison (« perdre ou gagner un portefeuille ») ne concerne-t-elle que l'opportunisme et le carriérisme d'avant Juillet, ou ne doit-elle pas à quelques impressions récentes ? Oui, il était beaucoup plus fort de conserver le schéma primitif. Montrer ces bourgeois condamnant Julien *après* Juillet, malgré Juillet, n'aurait eu qu'une valeur polémique étroite. Montrer les bourgeois condamnant Julien *avant* Juillet, lui pourtant l'ennemi de la noblesse, avait une valeur autrement forte. C'était suggérer, c'était dire que, sous les apparences bourboniennes, le vrai pouvoir était déjà aux mains de la bourgeoisie, que c'était la loi bourgeoise qui régnait, qu'on l'imposait déjà au peuple et que là était le vrai conflit. En apparence d'ailleurs, quand il le fallait, les bourgeois ne courtisaient-ils pas la noblesse ? n'intriguaient-ils pas pour être gardes d'honneur à Verrières ? Et, pour finir, ils condamnaient Julien Sorel, ennemi public numéro un des hautes classes, de *toutes* les hautes classes. Mais, comme ils avaient la vraie force, ils pouvaient, le jour venu, ne plus avoir de ménagements pour des maîtres dépassés. Ainsi Valenod, une fois préfet, a-t-il blousé Frilair. Faisons confiance, *après* Juillet, à Valenod : il est toujours en place. Le nouveau est déjà dans l'ancien : le pouvoir bourgeois, avant Juillet, était déjà ce qu'il ne devait montrer en pleine lumière qu'après Juillet. Le refus de Stendhal de refaire le « plan » de son roman et d'en réorganiser le temps, compte tenu d'un événement certes voyant et sur le moment enthousiasmant, mais finalement second par rapport aux mutations déjà en cours depuis longtemps ou réalisées dans les profondeurs du réel social, ce refus de mécaniser l'Histoire, parle finalement plus fort pour l'Histoire en ceci qu'il n'en décalque pas la chronologie, mais qu'il est conforme à son flux profond. La méthode, si un tel terme a un sens pour Stendhal, est ici comme toujours une vision du monde.

A la différence d'un romancier naturaliste, Stendhal n'avait pas établi de plan rigoureux ni de cadre chronologique strict *avant* d'écrire son roman. Il n'avait pas constitué une armature a priori pour un récit qui aurait eu ensuite à s'y dire et à s'y conformer. « Je ne puis faire le plan qu'après et en analysant ce que j'ai trouvé. Le plan fait d'avance me glace [...]. » (Note marginale sur le manuscrit de *Lucien Leuwen*.) L'histoire de la seconde partie en donne la preuve la plus éclatante. La plume va, guidée par quelques idées claires, mais surtout par le plaisir de construire, touche par touche, la chronique d'une situation ou d'un personnage. Stendhal n'est pas l'homme des mosaïques reconstitutives, et la poussée essentielle de la fiction demeure chez lui celle du plaisir à dire. Quelques points de repère donc : telle date importante pour l'histoire politique, telle date qui a frappé les contemporains mais qui a pu être aussi l'occasion pour des individus d'entreprendre, de réussir, ou de ressentir ou de ne pas ressentir d'une manière ou sur un mode particulier ; l'âge d'un héros à telle époque ; le temps qui s'est écoulé pendant que se sont passées telles choses ; tel mois ou tel jour précis, qui enracinent l'histoire, la font surgir, ou la fixent et la découpent, l'épinglent dans la conscience du héros et dans celle du lecteur. Les élections de 1821 ou l'expédition d'Alger ; Mme de Rênal à trente ans ; Julien à dix-huit ou dix-neuf ans et qui va mourir à vingt-trois ; le printemps puis les premières chaleurs à Vergy : le 3 septembre à Verrières ; le 30 avril 1830 ; le 10 juin dans la région de Metz et le rendez-vous au 22. Ce sont là pilotis ou affleurements, jamais, en aucun cas, guides mécaniques ou signes d'asservissement à un indicateur. Stendhal, donc, écrit et se meut à l'intérieur d'un univers certes structuré et comportant des points de repère, non d'un univers au quadrillage rigoureux. C'est pourquoi il ne saurait être question d'interroger sa chronologie de manière mécanique ; comme celle de Rousseau dans la *Julie,* elle est faite au moins autant de pulsions que d'exactitudes. Assez de précisions toutefois apparaissent pour qu'on puisse reconstituer un cadre assez précis et surtout pour qu'on puisse dégager l'intention ou la signification. C'est cette méthode aussi qui rend compte du délire chronologique de la fin. Stendhal n'a pas alors *recadré* son roman mais il a quand même profité de la situation pour en recharger certains passages. Toute la seconde partie avait été rédigée pendant l'hiver 1830 et il est certain soit qu'une première version (perdue ?) devait être terminée avant la révolution, soit que, pendant que l'on composait la première partie, Stendhal était en train d'écrire les derniers chapitres de la seconde alors qu'éclatait l'insurrection. En tout état de cause, la victoire des insurgés aurait dû avoir pour conséquence un nouveau départ : remaniement (considérable et dont on a vu pourquoi il n'était ni possible ni nécessaire) de ce qui avait été écrit, ou un grand lâchez-tout pour ce qui ne l'était pas encore et qui se voyait accorder d'un coup, par suite de la disparition de la censure, toutes les libertés qui manquaient. Il devait s'ensuivre en ce qui concerne la seconde partie une hypertrophie qui devait avoir, pour le temps romanesque, les assez extraordinaires conséquences dont on vient de parler. Mais il devait s'ensuivre aussi, pour le plaisir et pour la liberté, un saupoudrage de signes certes rétrospectivement agressifs mais qui, aussi, prenaient facilement figure d'annonces du destin. Il ne pouvait être question, dans la première version, d'une attente des journées de Juillet. Mais, l'événement s'étant produit, Stendhal peut se permettre de jouer d'un nouvel instrument. Il rééclaire, mais seulement en détail, son texte de ce qui est assuré, joue de la prémonition facile, jette les bases de fatalités désormais explicites et explicitées. Au chapitre XXIX de la première partie, il ajoute probablement cet « à la manière d'Henry Monnier » qu'est le dialogue entre les deux maçons qui souhaitent le retour de l'Empire : nul doute que Stendhal se souvienne ici d'une scène qu'il a vu jouer à Monnier chez son ami Latouche ou dans le salon du baron Gérard. Ce texte était « impossible » sous Polignac ; il devenait possible après Juillet [1]. Mais là ne se limite pas l'intérêt de cette interprétation. Le texte acquérait en effet surtout une valeur ironique : car qui, plus que conscrits et maçons, allait être déçu et trompé par un nouveau régime qui devait être bien loin de refaire l'Empire ? De même Stendhal ajoute, c'est bien connu, l'histoire de la *Note secrète* et il développe — n'en doutons pas — ce que Flaubert eût appelé la baisade de Mathilde, lui donnant des couleurs de revanche impensables quelques mois plus tôt : *le Rouge* aurait pu m'envoyer aux galères, déclarera-t-il plus tard... Il y avait eu, chez Rousseau, la baisade de Julie, mais toute de partage, d'enthousiasme et d'extase, sans aucune coloration de viol, de sacrilège ni de revanche, alors que Julien, en humiliant la fille du marquis de la Mole, voulait se venger de 1815 et de la « halte dans la boue ». Mais cet ajout lui-même n'a-t-il que valeur polémique, et n'a-t-il pas valeur de destin ? Vaincre l'aristocratie, qu'importe finalement puisque c'est la bourgeoisie qui règne vraiment ? Le temps romanesque joue en un sens complémentaire de celui de tout à l'heure : le nouveau était déjà dans l'ancien en ce sens que la tyrannie bourgeoise était déjà sous la Restauration ; mais aussi en ce sens que plus d'une entreprise et plus d'un espoir d'alors se sont révélés trompeurs et vains, des coups d'épée dans l'eau. Le délire chronologique dans le premier cas annule le temps prétendûment libéré par la bourgeoisie. La finalisation du temps, dans le second, tout en excluant à jamais l'aristocratie de l'Histoire, aboutit exactement au même résultat. Le temps, dans *Le Rouge et le Noir* est un temps profondément politique. Il n'est pas finalisé en direction d'une quelconque lumière ou fin de l'Histoire : 1830 est un mensonge. Mais aussi il inclut quelques-uns de ces temps forts, de ces moments où se libère et devient possible quelque chose. Juillet 1830 n'intervient pas, à la différence de ce qui se passe dans

---

1. De même Balzac avait dû renoncer à publier *le Rendez-vous,* l'une de ses *Scènes de la vie Privée,* à cause de la dernière revue de Napoléon qui ouvre le récit. Il devait attendre octobre 1831.

Jacquou le Croquant, comme événement restitutif, ouvreur, enfin, de terre promise. Mais aussi 1830, moment de l'Histoire qui marque à jamais la fin de quelque chose, bien que n'étant et ne pouvant être que le signe de la victoire intermédiaire et moyenne de la bourgeoisie (ce que peindra *Lucien Leuwen*), a libéré, débloqué quelque chose de profond même si c'était et ce devait être de manière limitée. Le flux général reste bourgeois et l'est de plus en plus dramatiquement : *Lucien Leuwen* vérifiera. Des verrous ont sauté pourtant et par les brèches, par les portes ouvertes, par une nouvelle conscience du réel passe quelque chose. Les bourgeois se doutaient-ils de ce qu'ils allaient payer cette imprudente victoire remportée sur l'aristocratie ? L'écriture stendhalienne, excluant tout triomphalisme sommairement « de gauche », mais marquant ce qui a cessé d'être impossible, en sa « négligence » même, se révèle ici profondément scientifique et matérialiste. Stendhal s'est refusé à réorienter et à refinaliser son roman en fonction de la victoire bourgeoise. En faut-il plus ? Et cet irréalisme de la chronologie n'est-il pas, finalement, du plus terrible réalisme ?

Roman et monarchie bourgeoise du roman impossible au dernier roman possible

1. Un grand projet

Roman inachevé. Roman interdit. Roman impossible.

Le roman du roman — bel exemple d'«histoire de la littérature»! — compte ici presque autant que le roman lui-même.

Ce *Lucien Leuwen* dont l'O.R.T.F. a fait en 1974 un titre et un sujet célèbre a dormi pendant des années à l'état manuscrit et sous forme de brouillons plus ou moins élaborés dans la masse des papiers laissés par Stendhal. Puis *Lucien Leuwen*, publié d'abord assez mal et ensuite de plus en plus correctement à partir des autographes, a été un roman marginal pour stendha-liens : longtemps le texte n'en a été accessible que dans des éditions rares et chères. La publication en livre de poche lui avait-elle gagné beaucoup de lecteurs ? Il fallait en tout cas que ce roman sorte de l'enfer des spécialistes. On voudrait ici, avec le temps et la sérénité de l'écrit, compléter le travail de Pierre Bost et Claude Autant-Lara pour la télévision : *Lucien Leuwen* devrait être l'un des romans français du XIXe siècle les plus populaires pour cette raison que c'est sans doute le plus grand roman français *politique*. Directement politique. Intégralement politique. Ce qui n'est pas si courant. Charles Maurras disait : « chef-d'œuvre de coquinologie politique ». Formule à examiner : *toute* politique, ou bien *une certaine* politique est-elle nécessairement coquinerie ? Ou encore, la politique, qui est le fruit, n'est-ce pas, c'est bien connu, de la Révolution et de la démocratie, ne peut-elle être que coquinerie, d'où — vite ! — plus de démocratie, et le Roi, l'ordre ? Mais Maurras ne disait rien de la peinture des milieux légitimistes de Nancy (« l'henriquinquisme ») et de *leur* politique... En fait, *Lucien Leuwen* est le roman de la politique dans une société où règne l'argent, qu'il soit de droite ou « de gauche ». Or, ce roman de la politique, Stendhal, pourtant si ardemment politique, ne l'a ni terminé, ni publié. Pourquoi ? Il faut comprendre. Il faut voir. Il faut s'expliquer.

ROMAN INACHEVÉ : *Lucien Leuwen* n'a pas de dénouement. Stendhal en a envisagé plusieurs mais il a laissé les choses en suspens. Une troisième partie (Lucien diplomate après avoir été militaire puis haut fonctionnaire au ministère de l'Intérieur) a été supprimée. Pis encore : le héros ni ne retrouve ni n'épouse l'héroïne. Il s'en va, pauvre, avec sa mère. Vers quoi ? Vers rien. Stendhal n'a pas conclu. Négligence ? Impuissance ? Désert intérieur ? Métaphysique de l'inachevé ? Beaucoup d'autres projets (courts) de récits ont également été laissés, à cette époque, inachevés. Mais cette fois, l'affaire est plus grave : puisqu'il s'agit d'un roman de plusieurs centaines de pages, non d'une esquisse.

Roman interdit : Stendhal a été clair. Il a dit avoir renoncé à publier *Lucien Leuwen* « à cause de la police ». Il savait que la justice de Louis-Philippe interdirait un livre qui peignait fidèlement le régime et poursuivrait son auteur. Au mieux, que le fonctionnaire qu'il était serait destitué. Le consul-écrivain s'est autocensuré. Liberté, liberté chérie.

Roman impossible : Tout appelait (tant de mérite, tant d'amour !) la récompense et le bonheur du héros : épouser Bathilde, qui était digne de lui et qui pour lui avait rompu avec sa propre classe et sa propre idéologie. Mais ce bonheur et ce *happy end* dont il avait tant envie, Stendhal ne pouvait les écrire sans mentir dans le cadre d'une société menteuse. Le roman du bonheur (*La Chartreuse*), on ne pourra l'écrire que dans le cadre de l'Italie prélibérale et prébourgeoise.

L'impossibilité est ainsi politique, ou externe (contrainte policière) et littéraire, ou interne (un certain *sens* est impossible dans un certain contexte). Ainsi encore inachèvement/interdiction/impossibilité, ces trois points se tiennent. Des pamphlets à *Armance* et au *Rouge* le roman s'était imposé : douteux, puis difficile, puis nécessaire, puis possible, et de plus en plus ambitieux, large, triomphant. Et voici le roman qui à son tour se bloque et qui se tait. Comment ? Pourquoi ? L'inachevé ne résulte pas ici de quelque désastre obscur (la mort de l'auteur, le manque de temps, ou la découverte d'une impossibilité philosophique ou religieuse) mais de l'Histoire même. L'inachevé n'est pas une aphasie. Ou alors il s'agit d'une aphasie d'un type très particulier : une aphasie qui parle. C'est toujours un problème quand l'écriture se bloque. Mais qu'est-ce qui bloque ici ce qui semblait s'être assuré ?

Dans son isolement italien, le consul Stendhal décide de ne rien publier tant qu'il est fonctionnaire : « Je compte me taire huit ou dix ans. » Remarque significative : il y a donc contradiction entre être employé par le gouvernement et écrire ? Pourquoi ? Toujours est-il que le consul se consacre alors à ses souvenirs et à l'histoire de sa vie. Mais, en septembre 1832, il n'y tient plus. Il commence une nouvelle : *Une position sociale*. Le cadre en est l'ambassade de France à Rome (l'héroïne n'est autre que l'ambassadrice) et le sujet la politique romaine. Sujets dangereux ! Aussi Stendhal se méfie. Il rédige son manuscrit en truquant, en dissimulant : le cardinal Machi est « Kina », le conclave « Klakevon ». Quant au sujet : le héros, Roizand, ancien de Napoléon, destitué par la Restauration et sans un sou, n'est entré dans la diplomatie que pour s'assurer une pension de retraite ; mais il ne croit pas à son travail ; il a un esprit ironique et détaché ; ses collègues le suspectent et ne l'aiment pas ; il commence à vieillir ; il juge ; il est libéral ; il pleure en lisant dans les journaux le procès des conjurés d'avril 1832 ; « il pensait que Louis-Philippe aurait dû exécuter de bonne foi la convention tacite conclue avec le peuple en Juillet 1830 »... Situation transparente : Stendhal à cinquante ans, et la société contemporaine. Quant à l'histoire : une intrigue se noue avec l'ambassadrice, mystique et qui s'interroge beaucoup sur la religion, mais fascinée par cet homme étrange qui est de l'opposition ; lui se méfie : une duchesse ! Un jeu, alors, de l'authentique et de l'artifice. On s'orientait, lorsque le texte s'interrompt, vers un roman de l'amour interférant avec les divisions politiques, et l'on voit bien la tentative et la tentation : écrire le roman d'un homme de cœur dans la société louis-philipparde en abordant à nouveau le problème de la liberté féminine et de la quête, masculine aussi bien que féminine, du bonheur. C'était à nouveau, comme pour *Armance* et le *Rouge,* le roman au présent et posant les problèmes du présent, une chronique de 1832, avec ce thème : un « rouge » peut-il être aimé par une « blanche » ? (l'un des titres du futur *Lucien Leuwen* sera le *Rouge et le Blanc :* l'amour d'une royaliste pour un républicain). Mais Stendhal abandonne. En fait, le sujet manquait d'ampleur : espace clos d'une ambassade et conversation avec une dame. Et il manquait cet élément capital : la jeunesse. Peut-être aussi manquait-il ce qui avait été à l'origine d'*Armance* et du *Rouge,* et qui sera à l'origine de *La Chartreuse :* le texte écrit de quelqu'un d'autre ou une histoire vraie. Un événement fortuit allait tout relancer.

En 1833, de Paris, Stendhal rapporte le manuscrit d'une vieille amie, Mme Jules de Gaultier : *Le Lieutenant.* Ce sera le point de départ d'un nouveau roman du présent dont le premier titre devait être *Le Chasseur vert.* Stendhal travaille à son œuvre de 1834 à 1836. L'idée avait été d'abord simplement de corriger *Le Lieutenant* pour son auteur. Mais vite le projet avait changé : « Première idée de ne pas envoyer ceci à Mme Jules, mais d'en faire un livre. » C'est ce qui s'était passé pour *Armance* (à deux niveaux : appui pris sur l'*Olivier* de Mme de Duras et fiction du manuscrit corrigé pour une femme du monde). Aussitôt : associations, déclics. L'histoire d'un jeune officier ! Un titre — donc une idée — surgit : *L'Elève chassé de l'Ecole polytechnique,* qui politisait le sujet : car pour quelle autre raison que politique un polytechnicien peut-il être chassé de cette grande école alors notoirement de gauche ? Nul n'avait oublié qu'en juin 1832, pour les funérailles du Général Lamarque, des polytechniciens en uniforme s'étaient joints aux républicains. Le nouveau régime ne pouvait pardonner une action qui cependant rappelait ses propres origines : les X, en juillet 1830, ne s'étaient-ils battus au côté du peuple contre la Garde royale de Polignac ? Dès lors, on était parti et nul doute que le nouveau sujet cristallisait, à nouveau mais dans un nouveau contexte, des éléments de celui de 1826 : Octave de Malivert, déjà, était polytechnicien, et déjà aussi, avant de s'interroger sur sa carrière d'ingénieur, s'interrogeait sur la vie militaire, envisageant ce que pourrait être la vie de garnison avant la première guerre un peu propre... Il n'est évidemment pas indifférent ici que Stendhal ait jadis rêvé d'entrer lui-même à Polytechnique. Mais comme pour Balzac, dont le beau-frère était polytechnicien[1], la biographie ne fournit ici qu'un point de départ. Ce qui fait que le sujet *prend* et devient *littéraire,* c'est-à-dire que le roman devient connaissance, c'est la fonction, le statut, le destin d'une grande école scientifique dans la société bourgeoise. Seule cette complexe dialectique du vécu et des expérimentés successifs permet de saisir ce qu'est l'élaboration d'une image littéraire.

L'enclenchement donc s'était produit. *Le Lieutenant* fournissait le schéma de l'épisode de la vie militaire à Nancy, le sujet étant alors centré sur Lucien et Mme de Chasteller. On sait qu'il figurait déjà de manière étrange comme sujet en réserve dans *Racine et Shakespeare* :

> C'est ainsi qu'un jeune homme à qui le ciel a donné quelque délicatesse d'âme, si le hasard le fait sous-lieutenant et le jette à sa garnison, dans la société de certaines femmes, croit de bonne foi, en voyant les succès de ses camarades et le genre de leurs plaisirs, être insensible à l'amour. Un jour enfin le hasard le présente à une femme simple, naturelle, honnête, digne d'être aimée, et il sent qu'il a un cœur.

Dans une armée désormais condamnée au carriérisme et à la vie de garnison et nouveau lieu d'exil (ô rêves de Julien ! ô régiments vus à Grenoble partant pour l'Italie !), dans cette armée nouvelle, l'histoire d'un jeune homme fait pour d'autres combats et promis à des découvertes inattendues... Mais vite le sujet s'élargit. L'épisode militaire n'est qu'un épisode et Stendhal invente seul la seconde partie : Lucien entre dans l'administration par l'influence de son père. Carrière politique. Dans une troisième partie Lucien devait être conseiller d'ambassade à Rome ou à Madrid. Ici, bien

---

1. On compte plusieurs héros polytechniciens chez Balzac : Horace Landon, dès 1822, dans *Wann Chlore*, Maximilien Longueville en 1830 dans *Le Bal de Sceaux* et surtout Gérard en 1839 dans *Le Curé de village.* A chaque fois il s'agit du sort fait au mérite, à la capacité, à la science, dans l'univers de la vanité et des intérêts.

entendu, on utiliserait *Une Position sociale*. Ainsi on peindrait amplement, en une vaste fresque, la société nouvelle. On rencontrerait beaucoup de monde. Ce qui donnait le plan suivant, qui figure dans le dossier manuscrit :

> Livre I. — La vie de province parmi les gens les plus riches qui l'habitent. Ils haïssent, ils ont peur, leur malheur vient de là.
>
> Livre II. — Amour passionné suivi d'une brouille fort raisonnable en apparence. Le héros a si peu de vanité qu'il ne prend pas sa maîtresse en grippe. Il se réfugie à Paris.
>
> Livre III. — Son père veut le marier. Vie de Paris parmi la haute banque, la Chambre des députés et les ministres.
>
> Livre IV. — Vie de ce qu'il y a de plus noble et de plus riche parmi les Français qui vivent hors de France. Dénouement.

On était loin de cette maigre *Position sociale*... Lucien devait — c'était cela le dénouement — perdre son poste de conseiller du fait de la jalousie d'une grande dame de l'ambassade (venue d'*Une position sociale !*), significativement désignée dans les brouillons par le nom d'Hérodiade (celle qui fit couper la tête à saint Jean-Baptiste...). Le roman serait amplement composé en trois volumes : Nancy, Paris et, finalement, tout bien réfléchi, Rome (que Stendhal écrit « Omar »). Mais le manuscrit, trop long, ferait peut-être reculer un éditeur ? Ce n'était pas très grave. On taillerait. Stendhal note pour lui : « *For me. — Il vaut mieux que le manuscrit que je porterai à Paris soit trop long. Je n'aurai qu'à couper, au lieu que, le manuscrit de Marseille [N.B. celui du* Rouge*] étant trop court, je fus obligé de faire la substance au moment d'imprimer le* Rouge*. Ici, je n'aurai qu'à polir le style et y donner du nombre, après avoir fait les coupures et quelques raccords. Donc, pas de mal que le manuscrit relié soit long.* » Et vite, il renonça au troisième volume, la matière des deux premiers étant déjà trop abondante. À remarquer comme il écrit vite, et d'abondance : le

temps du resserrement et de la difficulté d'écrire
(Flaubert) n'est pas encore venu. Stendhal écrit toujours sur le mode *généreux*. La décision prise, toutefois,
surgissait une difficulté qui ne fut jamais résolue : le
dénouement devait remonter dans le temps. Quel
serait-il ? Mystère ? De multiples plans de détail interfèrent avec le plan d'ensemble, en particulier, pour ce qui
est des retrouvailles envisagées de Lucien et Bathilde.
De plus, Stendhal se corrigeait énormément, ne cessant
de commenter sa propre rédaction, pourchassant les
clichés et expressions toutes faites qui lui venaient. Le
travail fut souvent interrompu. Il reprit. Cela dura près
de deux ans, de mai 1834 à mars 1836. Le 17 février de
cette année-là, Stendhal avait écrit un testament :

> Tant que pour vivre je serai obligé de servir le
> Budget, je ne pourrai print it [1], car ce que le
> Budget déteste le plus, c'est qu'on fasse semblant
> d'avoir des idées.

Il désirait qu'après sa mort le manuscrit fût proposé à
Levavasseur, l'éditeur du *Rouge* en 1830, ou remis — ce
qui fut fait — à la Bibliothèque de Grenoble. Stendhal
avait renoncé. Il a dit clairement pourquoi : à cause de
la police. C'est que point de révolution cette fois qui,
comme en 1830, puisse rendre possible la publication
d'un roman politique dirigé contre les bases mêmes et
les hommes du régime en place. Risque de galères. Dès
lors, censure. Et le jour où l'on aura à nouveau envie
d'écrire il faudra trouver autre chose. Il dut y avoir là
en 1835 un traumatisme profond : ce manuscrit chéri,
tant travaillé, Beyle y tenait. Il multiplia les recomman-
dations en vue d'une éventuelle édition posthume. Il
craignait qu'on ne l'abîme... C'est la première version
de la première partie, *Le Chasseur Vert,* que R.
Colomb devait publier inédite en 1855. Puis Jean de
Mitty, en 1897, publia une version complète mais très
incorrecte qui eut pourtant le mérite de révéler le texte
au public cultivé. C'est à partir de cette édition que

---

1. *L'imprimer.* Comme plus haut *(for me)*, Stendhal utilise souvent l'anglais dans ses notes personnelles.

Paul Valéry écrivit une préface célèbre qui figure dans *Variétés*. En 1927, Henri Debraye donnait une édition correcte et annotée chez Champion. En 1929 enfin, Henri Martineau publiait au Divan, puis en 1947 dans la Pléiade, sa grande édition accompagnée d'un soigneux relevé des brouillons, plans, notes etc., figurant dans le manuscrit. Victor del Litto et Ernest Abravanel ont récemment procuré, dans les *Œuvres complètes* du Cercle du Bibliophile, une édition encore améliorée. Il ne saurait être question, dans le cadre de cette édition, de fournir au lecteur le dossier complet de *Lucien Leuwen,* notamment les innombrables notes et ébauches qui figurent dans les marges. On va du moins, par la présentation de quelques-uns de ces textes spontanés, tenter de donner une idée de la manière dont a procédé Stendhal.

2. Comment le romancier travaille

Les censures

Le pouvoir et ses polices viennent traquer l'écrivain jusque dans le secret du tête à tête avec le papier. L'industriel de l'écriture dont parlait *D'un nouveau complot* en 1825 n'est même plus libre de son industrie, de la fabrication de son produit. Il lui faut sans cesse ruser, se déguiser. Est-ce parce que Stendhal rêve d'on ne sait quelle romanesque situation à l'italienne où la police, saisissant un manuscrit, se sert de ce qu'il révèle sur les opinions de l'auteur pour le traîner devant quelque Saint-Office avant de le jeter en prison ? Un peu de jeu, peut-être. Mais Stendhal sait, et d'abord dans la politique, qu'il est des choses que l'on ne peut tout simplement *nommer*. Alors il écrit : « Si ce n'est qu'un pillard habile et brave comme Touls (Soult) » ; « Le combat de la rue Nonaintrans (Transnonain) », « L Φ, le K, mon maître (Louis-Philippe) » ; « Les

phrases de Zotg (Guizot) ou de 1/3 (Thiers) » ; « qui
01. Aro (qui a pour nom de roi) » ; « le barême néKouro
(le Barême couronné) ; « Le roi, cet homme si fin et si
habile à pertrom (tromper) » ; « Quand j'aurai 4 ans à
peine et qu'il y aura réaction contre nerisprofi (ces
fripons-ci) ». On laissera au lecteur d'aujourd'hui le
plaisir de décrypter ce passage un peu plus long que
Stendhal qualifie en marge : d'« épisode dangereux »,
et il ajoute : « A ôter peut-être : c'est un républicain
qui parle » :

> de sales vriersou... nos nansgouver sont trop mal
> en lesel... la war véritable. Un caporal as Cheho
> sortirait des angsr... aux datssol : — Me sfriends,
> marchons sur Rispa et faisons un first sulkon qui ne
> se laisse pas fouerba by Kolasnic... amoureuse of
> the glory, adieu la téliber de la ssepre, la seule qui
> nous teres.

Ce ne sont pas seulement les mots, ce sont les idées, ici,
qui sont impossibles. La gloire, le rêve militaire, l'appel
au soldat : autant de mobiles et réflexes qui se
comprennent. Mais aussi le pouvoir à l'armée n'est-ce
pas nécessairement, à terme, la répression ? L'armée a
cessé d'être lumineuse. Non, décidément, c'est *plus*
qu'un républicain qui parle. C'est *une autre espèce* de
républicain. Dès lors, censure. Non seulement le pouvoir d'aujourd'hui mais le pouvoir de demain veille.

Mais la censure fonctionne aussi dans une autre série
que la série politique. On le sait bien aujourd'hui :
l'idéologie bourgeoise, d'un seul et même mouvement,
censure *à la fois* la politique et le sexe. Le roman
traditionnel occulte les réalités sexuelles. Il y a des
choses dont on ne parle pas, des mécanismes et des
causes qui n'ont pas droit de cité. On trouvera plus loin
dans les projets de plan d'autres exemples d'écriture
spontanée. En voici d'abord quelques-uns, de détail,
qui montrent bien quel roman Stendhal ne pouvait pas
écrire. Il ne s'agit plus ici de politique politique. Il s'agit
peut-être d'une police pire encore, dont la haute
surveillance porte sur la nature même et le fonctionnement de l'être.

Prenons d'abord les femmes que Balzac appelait, par opposition aux « femmes comme il faut », « les femmes comme il en faut ». M. Leuwen a conseillé à son fils les demoiselles d'Opéra. Voici une note sur le sujet — c'est le cas de le dire — lui-même [1].

> Plan. Peut-être ne faut-il pas parler de Mlle Raymonde, par la même raison qui fait qu'on ne parle pas du... [ici dessin d'un pot de chambre].

Mais voici surtout, à propos d'une scène légère, un éclaircissement bien nécessaire au lecteur. Le ministre de Vaize qui vient d'entrer dans la loge de Lucien tombe bien : « au plus fort de cet examen de conscience et de la folie de Mlle Raymonde ». Folie ? Stendhal explique en marge :

> le lecteur qui connaît les lieux lira : assise sur les genoux de Leuwen, qui avait la main je ne sais où et allait la br... [2]

Dira-t-on qu'il ne s'agit là que de filles payées ? Mais voici plus grave. A propos de Mme Grandet, d'abord frivole puis sincèrement et follement amoureuse de Lucien, Stendhal écrit « officiellement » pour l'impression :

> La jeune femme l'emportait sur la capacité politique.

Mais il note pour lui :

> Pilotis. — Exactement la matrice l'emportait sur la tête.

Et un peu plus loin, à propos de :

> Pour la première fois de sa vie, elle était timide, parce que cette âme si riche, si froide, depuis quelques jours éprouvait des sentiments tendres.

il note encore :

> *For me.* — La matrice, excitée par un jeune homme bien, parlait.

---

1. Les danseuses d'Opéra étaient classées en premier sujet, second sujet, etc. L'expression figure souvent chez Balzac.
2. Martineau lisait *br...* dans le manuscrit. Abravanel et del Litto n'ont lu que *b*. Ils ont, semble-t-il, tort.

Il ne s'agit nullement de vulgaire gauloiserie mais de dévoilement et d'analyse. L'écriture conforme oblige à passer par des périphrases. Le réalisme exigerait qu'on appelle les choses par leur nom. Une bourgeoise calculatrice et sèche transformée par le désir : c'est là un *vrai* sujet et qui met en cause les faux-semblants et les masques de la bourgeoisie. Dira-t-on que l'analyse, dans le cas de Mme Grandet, femme odieuse, et qui se réjouit de voir des républicains mourant en prison, demeure un peu sommairement polémique ? Mais que dire alors, lorsqu'il s'agit de la noble Chasteller ? Mariée sans amour, chaste depuis son veuvage, prisonnière des préjugés de sa caste, elle est émue par la sincérité de Leuwen. Mais seulement par sa sincérité ? Lucien est beau. Après bien des traverses, Bathilde, au comble de l'émotion, et qui déjà a beaucoup joué avec le shako et avec le sabre du jeune lieutenant de lanciers, éprouve brusquement l'envie de lui prendre la main. « D'où donc peuvent me venir de pareilles horreurs ? » dit le texte. Stendhal répond en marge : « *De la matrice ma petite* », ce qui, cette fois n'a aucune valeur polémique. Il ne s'agit pas de réduire la noble dame à admettre en elle la présence d'on ne sait quelle vulgarité mais comme de lui apprendre à *reconnaître* en elle, au plus réel et au plus profond, l'existence de la nature qui n'est pas coupable mais *belle*. Malgré l'apparence, ces mots de Stendhal sur Bathilde constituent peut-être l'une des remarques les plus pudiques et les plus émouvantes du texte. Mais justement : pourquoi la lecture conforme ne veut-elle pas de la *vraie* pudeur ? Au fond, d'ailleurs, lorsque Stendhal, dans ce genre de commentaire, paraît grossier, n'est-ce pas pour masquer sa propre pudeur et sa propre émotion ? Il note par exemple à propos des hésitations de Lucien avec Mme Grandet :

> Sur quoi l'historien dit : on ne peut pas espérer d'une femme honnête qu'elle se donne absolument ; encore faut-il la prendre. For me. Le meilleur chien de chasse ne peut que faire passer le gibier à portée du fusil du chasseur. Si celui-ci ne

tire pas, le chien n'y peut mais. Le romancier est comme le chien de son héros.

Si Lucien ne tire pas, le romancier ne peut tirer pour lui. Ce qui va loin : le créateur ne peut faire violence à la logique de son personnage. Lucien aime toujours Bathilde. Dès lors il ne peut pas, librement, vouloir coucher avec Mme Grandet[1]. Derrière le langage de corps de garde, il y a cette profonde vérité. Stendhal respecte son héros. Preuve que le héros existe... C'est cela que fait comprendre tout ce matériau brut. Stendhal se bat avec son texte, avec ce que devient son texte. Interfèrent, bien sûr, les interdits venus du dehors. Mais finalement le véritable débat est celui qui oppose l'écrivain avec son œuvre, avec ces mots qu'il trace et qui deviennent et constituent une étrange réalité.

L'organisation du récit

Lorsque l'écrivain domine mieux sa matière, son interrogation et son commentaire, sa prospection sont d'un autre ordre. Où va-t-on ? Comment bâtir ? Pas de plan préfabriqué. C'est le déjà écrit — spontanément — qui commande l'organisation de ce qui suit. Ce n'est jamais froide technique. Ici encore c'est signification.

Voici l'appel de la vie, voici la vérité qui se cherche en milieu royaliste. Mais des bourgeois, à quelques détails près, parleraient-ils autrement que ces gothiques Serpierre ? Peur du peuple, peur des idées, peur des livres, fantômes rouges, la grande peur des bien-pensants est partout la même, mais aussi la jeunesse échappe et cherche la communication avec l'être vrai

---

1. Constante de la théorie stendhalienne de l'amour : on fait aisément l'amour avec la femme-objet ; on ne le fait pas sans problèmes avec la femme aimée. Inversement, le désir pour la femme aimée éloigne de la possibilité de désirer et d'accomplir le désir avec la femme-objet.

venu d'ailleurs. Ces notes sur Nancy valent pour la peinture de tout milieu conservateur et étouffant :

> Lettres de noblesse. — Mme de Serpierre ne permettait à ses filles aucun livre imprimé depuis 1750. C'était l'époque fatale indiquée par son directeur et, en général, elle ne permettait aucun livre. Ses filles avaient osé une fois lui demander de lire un seul volume de Walter Scott et avaient été repoussées avec perte. Leur grande partie de plaisir, c'était la lecture des œuvres de saint François de Sales. Dans une maison de leur connaissance, mais où elles n'allaient jamais sans que leur mère ne dît un mot de mépris sur la noblesse de cette maison, qui ne datait que de 1550, dans cette maison, dis-je, un prêtre plus indulgent permettait au maître, ancien directeur des Monnaies, âgé de soixante-dix ans, de lire haut quelques-unes des Harmonies de M. de Lamartine, mais il avait soin de mâchonner quelques vers. Et cependant, l'unique plaisir des pauvres demoiselles de Serpierre, pauvres, désoccupées, et jeunes, eût été de lire. Théodelinde demanda une fois à Lucien de lui apporter un journal.
>
> — Je n'ai jamais lu deux lignes dans un journal, lui dit-elle. Est-il vrai qu'on y répète sans cesse ce mot : il faut guillotiner les nobles ?
>
> — Quelle horreur ! s'écria Lucien. Un journal qui imprimerait de telles choses n'aurait plus d'abonnés.
>
> — Il faut que vous vous trompiez, répliqua Théodelinde avec simplicité ; il faut que cela y soit imprimé au moins deux fois par mois, car M. Rambaud nous dit qu'il ne regarde jamais un journal sans y trouver cette phrase abominable. Et, ajouta-t-elle d'un air fin, je sais qu'il le lit presque tous les dimanches soirs.

Il y a un roman à écrire sur Mlle Théodelinde, au si joli prénom mérovingien. On l'aperçoit en passant. On ne peut tout écrire. On choisit. Par exemple cette Bathilde de Chasteller, veuve d'un émigré profiteur de la

Restauration. Elle ne sait pas. Mais elle cherche, elle aussi. Et elle trouve :

> Madame de Chasteller est un caractère tendre et sincère, ardent ; elle n'a jamais réfléchi à l'origine de sa passion pour la branche aînée. Quand elle connaît Leuwen, elle est mécontente de tous ses coreligionnaires sans pénétrer la cause de son mécontentement, et de la tristesse mortelle. Elle connaît Leuwen et s'aperçoit qu'il n'est pas hypocrite. Elle voit en même temps le défaut de ses coreligionnaires. C'est tout ce qu'il y a de plus rare en 1836. Les premières conversations qu'elle a avec lui ont pour but de lui faire subir un examen à cet égard. Le personnage qu'elle aimait le mieux dans son parti était celui qui était exagéré, mais pas hypocrite. Il y a un personnage comique, c'est Gérôme Meurier, toujours un peu ivre. Ne jamais parler de sa bravoure ; mieux que cela, il a une peur du diable de se battre comme soldat, et pourtant se bat fort bien en duel (comme un véritable Italien) ; c'est que dans ces cas il est en colère.

> Origine de la liaison : Les témoins de Leuwen l'avaient abandonné sur un mot amer de sa part, un mot trop vrai, le croyant d'ailleurs hors de tout danger. Il perdait tout son sang et allait s'évanouir par mouvements nerveux, quand Meurier vient à son secours. Leuwen lui demande sa parole de ne jamais parler de l'état dans lequel il l'a trouvé ; Meurier ne dit mot.

Voilà les bases d'un roman, avec, bien sûr, l'autre côté, le côté Leuwen, venu à Nancy plein de préventions et mal fait pour la vie de garnison :

> Plan. — 1° Leuwen regarde Mme de Chasteller ; — 2° la vanité est remplacée comme mobile d'action par l'envie d'être aimé de ce joli joujou ; — 3° il l'aime. Comment reconnaît-il qu'il l'aime ? — 4° il en est profondément honteux. 26 juin et 11 juillet.

C'est dans l'enclave et l'îlôt du *Chasseur Vert* que se fera la vraie rencontre. Dès lors Nancy n'existe plus.

On sent dans ces brouillons, le plaisir profond d'écrire, vite, spontanément, un roman : non plus pour marquises et femmes de chambre mais peut-être, pour toutes les Mlles Théodelinde...

Mais ce roman, comment s'en sortir ? Entre les amants il faut des obstacles, puis la séparation. Stendhal invente l'épisode invraisemblable de l'accouchement clandestin. Peu importe. Il faut les séparer. Et ensuite ? les faire se rejoindre ? De multiples projets sont ébauchés. Voici les plus significatifs, qui montrent Stendhal improvisant à grands traits, mais avec de plus en plus de détails et de précisions, les épisodes étant de plus en plus détaillés, de mieux en mieux cernés :

Plan général. — Sur le vu de l'enfant, Leuwen fuit Nancy. Son père, qui est Pillet-Will, le fait secrétaire intime du ministre.

Cayot l'aime pour sa froideur, pour le bruit d'une grande passion malheureuse. Il est un peu comme Dominique après San Remo.

Son père le fait secrétaire d'ambassade à Rome. Caractère d'Hérodiade.

Le père de Leuwen meurt. Sa femme et son fils ont 10 000 francs de rente, ce qui leur semble une ruine.

Hérodiade lui fait ôter sa place. Il se retire dans un village près de Fontainebleau pour un an. Mme de Chasteller vient le chercher et se fait épouser, Leuwen croyant qu'elle a fait un enfant, puis elle se justifie.

Plan (essai de plan). Mme d'Hocquincourt viendrait à Paris. Leuwen rencontre Mme de Chasteller qui, suivant son vœu, ne lui répond pas, mais ne songe pas à s'empêcher de le regarder avec la dernière tendresse.

Mme d'Hocquincourt se jette à sa tête, il l'enfile. Il lui donne le bras dans les bois, sur les collines de sable jaune près de Fontenay-aux-Roses (où je fus salué par Victor Hugo). Mme de Chasteller les rencontre, Mme d'Hocquincourt rougit jusqu'au blanc des yeux au lieu de la braver.

Trois fois la semaine, des musiciens qui ont loué une chambre presque vis-à-vis de la maison de M. Leuwen (place de la Madeleine) jouent les airs de Mozart joués jadis au Chasseur vert.

Agonie du ministère dont M. de Vaize fait partie. M. Leuwen père meurt (M. Van Peters était mort six mois avant), Lucien se trouve ruiné, réduit à 2 050 francs de rente. M. de Vaize demande une préfecture pour Leuwen et est refusé. Le nouveau ministre des Affaires étrangères, auquel M. Leuwen père a une fois prêté 6 000 francs malgré le peu d'apparence de remboursement, donne au fils une place de 4 000 francs, second secrétaire à Rome. Leuwen vient à Paris, il fuit Nancy parce que M. Du Poirier lui fait croire que Mme Cerisy accouche. Son père, associé du sage Van Peters, Hollandais, est le Pillet-Will du ministre, qui le fait son secrétaire intime. Il a Cayot qui, sans prétention, lui fait oublier Mme Cerizy, auprès de laquelle la chasteté l'ennuyait sans qu'il se l'avouât. Le père, pour une raison, le fait secrétaire d'ambassade à Rome, où Mme de Saint-... a peur de l'enfer. Le roi intrigue contre lui. Van Peters meurt. Le père, par vanité, continue et augmente les grandes affaires. Il se voit ruiné, meurt, et Leuwen se trouve pauvre. Sa place est son unique ressource. Mme de Saint-... (Hérodiade) en profite pour la lui faire perdre. Au désespoir elle-même, elle le suit dans un village près Fontainebleau où il s'est momentanément retiré. Là, je ne sais comment, il rencontre Mme de Chasteller qui ne nie point avoir fait un enfant. Il en redevient amoureux, et après le mariage elle lui donne la preuve qu'elle n'a jamais connu (sic) un excès aussi condamnable.

Cela, ou ce que je trouverai à la fin.

Ce plan a le défaut d'être toujours un duo et de ne

pas avoir de septuor, comme la Gazza ladra. Du
reste, il peint, ou peut peindre :

1° l'Henriquinquisme en province ;
2° le ministre comme né à Paris (sic) ;
3° la cour de Rome et l'Hérodiade.

A Paris, Leuwen, secrétaire intime de S. Exc.
M. de Vaize ; en apparence il est indifférent, froid,
n'agit qu'après avoir pensé à la Machiavel, il se
laisse aimer par Mlle Cayot et par une femme
(chaleur de tête), Mme... Mais les petitesses d'argent de Mlle Cayot, à moi dites dans le fiacre, si
intéressantes dans la réalité, feront-elles bien dans
l'Art ? [...]

Plan. — Mme d'Hocquincourt vient le voir, il ne
veut pas l'enfiler, par respect pour la jalousie qu'en
eut autrefois Mme de Chasteller. Un jour, il
rencontre celle-ci, il reste anéanti, comme autrefois
Dominique en reconnaissant Mlle Victorine Mou-
nier. Il résout de lui parler, fait tout au monde pour
la rencontrer, la rencontre enfin. Elle ne lui répond
pas un mot, fidèle à son vœu. En vain Mme de
Constantin veut l'en relever. [...]

Plan. Mme Grandet, piquée d'avoir été quittée
pour Mme de Chasteller, brouille par quelque
intrigue méchante Lucien avec Mme de Chasteller.
Lucien avait eu Mme de Chasteller. Mme Grandet,
piquée par l'abandon de Lucien, est devenue
amoureuse de lui et croit sa gloire intéressée à le
réavoir. « Modèle : furibonde comme lady Grand-
bois. » Lucien, plus malheureux que jamais de sa
brouille avec Mme de Chasteller, veut quitter
Paris. Son père meurt, il est ruiné, il se fait
nommer secrétaire d'ambassade à Omar. Mme la
duchesse le fait destituer. Ruiné tout à fait, Mme
de Chasteller lui donne sa main et 15 000 francs de
rente. Fin du roman. 27 janvier 1835. [...]

Quel caractère a Lucien ? Non pas certes l'énergie
et l'originalité de Julien. Cela est impossible dans
le monde (de 1835 et 80 000 francs de rente). On
est net, hors de nature, quand on le suppose.

Voici enfin un exemple de réflexion générale sur le monde moderne et le héros littéraire. Stendhal n'aime pas la grandiloquence du drame de Vigny, *Chatterton,* qui montre un jeune poète poussé au suicide à la fois par la société aristocratique et par la société bourgeoise anglaise. Mais les réactions de la critique bourgeoise, dont il dénude impitoyablement les ruses et motivations, lui permettent, pour lui-même, de mettre les choses au point et d'élargir le débat. Il n'y a pas que les poètes de malheureux : les polytechniciens stendhaliens en savent quelque chose. Ni Octave ni Lucien ne savent intriguer. Le premier se suicidait. Avec le second, on peut faire l'économie de ce moyen exagéré. Mais combien est-il de formes de suicide ? Cette note sur *Chatterton,* qui enclenche sur un nouveau sujet de roman, est peut-être la charte du réalisme stendhalien :

27 février 1835. — Chatterton. — Ce jésuite de Journal des Débats dans un feuilleton de M. R. sur Chatterton (15 ou 16 février), mauvais drame de M. Alfred de Vigny, cache avec soin ce qui fait la plus sanglante critique de l'arrangement actuel de la société : le charlatanisme et l'intrigue plate, continue, basse, sans lesquels le talent ne peut percer. Ce mal a deux effets : les charlatans sans aucun talent accaparent les récompenses que la société doit, pour son intérêt, donner aux talents. Si cette erreur se bornait au mérite littéraire, le mal serait léger ; mais si c'est dans la carrière littéraire seule que ces injustices sont visibles, elles sont surtout funestes dans les états directement utiles : la médecine, le droit, l'architecture. Dans toutes ces carrières, sans charlatanisme nul succès. Le régime actuel est admirable pour les intrigants sans talent, comme MM. de Salvandy, Pariset, Raoul Rochette, et pour les gens de mérite doués du génie de charlatanisme, tels que MM. de Chateaubriand, Casimir Delavigne, Victor Hugo, le sculpteur David. Rien ne pique la vanité d'un gouvernement sale comme le suicide. On ne veut pas de ses

bienfaits. Pour rendre justice au sujet de l'homme de génie qui se tue, comme le Tasse aurait dû faire, on pourrait faire un drame dans lequel le héros se tuerait parce que décidément, faute de savoir intriguer, il ne peut pas obtenir de quoi vivre. J'ai oublié les détails, qui au café se présentaient en foule.

La revendication lyrique et irresponsable à la Vigny, la revendication et l'écriture purement romantiques contre la société de fait ne sont pas pertinentes. Le romantisme est simplificateur et manichéen. Le réalisme dit le problématique et le contradictoire. *Chatterton* est un texte en noir et blanc. Le roman réaliste montre, à l'intérieur même du héros, comment s'élabore et parle un nouveau contradictoire. Le travail de l'écrivain conduit ainsi au tableau de la société : tableau, d'abord, des *faits* sociaux, de *tous* les faits sociaux, sans lesquels il n'est pas de réalisme ; analyse ensuite du *héros*, de son comportement et de sa signification, non comme marionnette polémique et pourvoyeuse de bonne conscience, mais comme expression d'un réel que l'on ne commence vraiment à connaître et à comprendre que lorsqu'on l'écrit.

3. Un roman du père : l'argent et la conscience

Cette société, l'analyse exacte en sera faite par Marx dans *Les Luttes de classe en France, 1848-1850*. C'est le texte fameux :

Après la révolution de Juillet, lorsque le banquier libéral Laffitte conduisit en triomphe son compère le duc d'Orléans à l'Hôtel de ville, il laissa échapper ces mots : « *Maintenant, le règne des banquiers va commencer.* » *Laffitte venait de trahir le secret de la révolution. Ce n'est pas la bourgeoisie française qui régnait sous Louis-Philippe, mais une fraction de celle-ci : banquiers, rois de la Bourse, rois des chemins de fer, propriétaires de mines de charbon et de fer, propriétaires de forêts et la partie de la propriété foncière ralliée à eux, ce que l'on appelle l'aristocratie financière. Installée sur le trône, elle dictait les lois aux Chambres, distribuait les charges publiques, depuis les ministères jusqu'aux bureaux de tabac [...] La monarchie de Juillet n'était qu'une société par actions fondée pour l'exploitation de la richesse nationale française dont les dividendes étaient partagés entre les ministres, les Chambres, 240 000 électeurs et leur séquelle. Louis-Philippe était le directeur de cette société : Robert Macaire sur le trône.*

Or tout cela, qui met en pièces l'image paterne d'une société de Juste-Milieu, est, très exactement, déjà, en termes de roman, mais aussi souvent en termes directs, dans *Lucien Leuwen*. Le mieux n'est-il pas de citer ici l'historien des Rothschild et de la haute Banque au XIXe siècle ? « Dans ce roman social et politique qu'est *Lucien Leuwen*, écrit Maurice Bouvier-Ajam, l'auteur a voulu décrire, comme il l'annonce lui-même, *la vie de Paris parmi la haute banque, la Chambre des députés, et les ministres* [1]. Leuwen est *un banquier demi-hollandais* — tels furent dans la réalité les Thuret et les Greffulhe de Paris ; il a dû être *quelque ancien commissaire des guerres, quelque fournisseur. Cet argent-là a été volé au pauvre soldat.* Sa fortune ? *Mon père a dix millions,* pense son fils ; le banquier dispose de *grandes propriétés dans le Cher.* Il est associé à Van Peters, d'Amsterdam, et le principal jour de la semaine, dans les bureaux de la firme à Paris, est *le jeudi, jour du grand courrier de Hollande.* » Bel exemple d'interpénétration des classes : « Leuwen père *fait les affaires de bourse de M. Bonpain, le notaire du noble faubourg;* il y a toujours chez lui *trois ou quatre agents de change* attendant dans un salon. Pour lui, *il n'y a qu'un principe : la bêtise du petit joueur à la bourse est une quantité infinie,* et il dit à son fils : *M. Metral, mon*

---

1. On souligne les citations de Stendhal qui figurent dans le texte de Bouvier-Ajam. (*Les Rothschild,* Fayard, 1967.)

commis, te donnera des leçons, non pas de bêtise, mais de l'art de la manier. Dans la clientèle de Leuwen père se trouve un certain M. de Thémines de la fortune duquel *il prenait soin... C'est un grand service à Paris,* écrit Stendhal *et pour lequel la reconnaissance est sans bornes, car dans la déroute des dignités et de la noblesse d'origine, l'argent est resté la seule chose, et l'argent sans inquiétude est la belle chose des belles choses.* » Mais Stendhal retient et utilise jusqu'à des détails qui sont à l'origine d'une légende : « Naturellement, note Bouvier-Ajam, *la calèche de voyage de la maison de banque était toujours prête* (c'est le fameux courrier des Rothschild, au temps où il n'y avait pas encore de télégraphe) et l'on voit quelque part un commis de la maison Leuwen, Van Peters et Cie, s'apprêter à partir pour l'Angleterre. *Nos plus belles affaires, dit le secrétaire de Leuwen, sont avec New York et toute l'Amérique du Nord.* Quand on fait l'inventaire de la « maison », à la mort du banquier, on note dans l'actif un stock de 1 900 000 francs de sucre. » Ceci pour l'activité proprement économique. Mais voici la politique : « Le romancier lucide devient féroce à force de lucidité. Les passages où il décrit les rapports de Leuwen père et du ministre de l'Intérieur, de Vaize, sont un véritable reportage, un démarquage de la réalité française des années 1830, à une époque où le banquier Périer était premier ministre et où le jeune Thiers, gendre d'un régent de la Banque de France, menait de front les affaires et la politique, recevant de la Banque en 1840 une médaille d'or pour avoir efficacement défendu ses intérêts devant la Chambre des députés. Le banquier Leuwen et son ministre font, *de compte à demi,* des spéculations boursières sur les nouvelles que leur apporte le télégraphe. L'ennui est que le roi, Louis-Philippe en personne — Robert Macaire sur le Trône, comme dira Marx —, braconne quelquefois sur le même terrain que le ministre. Alors ce dernier accourt chez le banquier : *Coupons, coupons cette opération... ON se réserve cette affaire, et encore, ajouta-t-il d'un air de terreur, c'est par miracle que je l'ai su.* La maison

Leuwen *est du petit nombre de celles qui achètent, dans l'occasion, des nouvelles aux ministres, ou les exploitent de compte à demi avec eux.* Le banquier dit à de Vaize : *Nous ferons la rente ensemble, mais il faut que je sois officier de la Légion d'honneur, et mon fils secrétaire intime du ministre de l'Intérieur.* Lucien, qui sait tout, juge son père : *On peut répondre qu'il fait son métier de banquier. Il sait une nouvelle, il en profite, il ne trahit aucun serment... Mais sans le recéleur il n'y aurait pas de voleur.* Le romancier (mais il ne publiera jamais ce texte) oublie même toute prudence : *Et qui fait les ministres aujourd'hui ? dit Mme de Thémines. Les Rothschild, les... les..., les Leuwen.* Enfin Stendhal explique le pourquoi des choses et nous donne, par la bouche du ministre de Vaize, une belle leçon d'histoire : *Leuwen est le Talleyrand de la Bourse ; ses épigrammes font loi dans ce monde-là, et depuis la révolte de juillet 1830 ce monde-là se rapproche tous les jours davantage du grand monde, du seul qui devrait avoir de l'influence. Les gens à argent sont au lieu et place des grandes familles du faubourg Saint-Germain... Villèle le consultait.* Leuwen lui-même profère cyniquement : *Nous autres, nouvelle noblesse gagnée en écrasant ou escamotant la révolution de Juillet...* et continue : *M. Grandet est, ainsi que moi, à la tête de la banque, et, depuis Juillet, la banque est à la tête de l'État. La bourgeoisie a remplacé le faubourg Saint-Germain, et la banque est la noblesse de la classe bourgeoise.* » La conclusion est remarquable : « Qu'il suffise de dire, pour juger de la véracité des traits que James de Rothschild fut le gérant de la fortune personnelle du roi Louis-Philippe. Metternich lui-même, pourtant orfèvre, s'en offusquait, et, faisant allusion à cette circonstance, écrivait à l'ambassadeur autrichien à Paris, Apponyi : « La maison Rothschild joue en France, pour des raisons naturelles que, toutefois, je ne saurais considérer de ce fait comme étant bonnes, ni surtout morales, un rôle bien plus considérable que les gouvernements eux-mêmes, à l'exception peut-être du cabinet anglais, le grand ressort étant l'argent. »

Là, cependant, ne se limitent pas le sens et l'intérêt de Leuwen père comme personnage de roman : il est le père intelligent, bon, sensible que n'a pas eu Stendhal ; il est l'homme d'esprit qui n'est pas dupe de son propre système et qui s'en amuse : sa fortune et son pouvoir lui permettent, dans le jeu du roman, de prendre ses distances ; il n'a rien à voir avec des loups-cerviers, comme le Nucingen ou comme les Keller de Balzac, hommes tout entiers de l'argent et à l'argent et qui, eux, ne feront pas faillite : le dénouement innocente un homme que le romancier a d'abord et pour l'essentiel conçu comme une conscience, comme un regard. Il ne s'en est pas moins servi au passage pour montrer le fonctionnement du système et surtout, semble-t-il, pour ruiner de manière impitoyable l'image de marque de cette classe politique qui se veut (le langage demeure aujourd'hui le même) « indépendante », « au service de l'Etat », et que l'historiographie officielle, pour d'évidentes raisons, s'obstine toujours à nous présenter comme telle. L'homme d'argent, au fond, fait son métier. Il ne ment à personne. Le politicien, au contraire, ment à tout le monde. La leçon n'a pas vieilli. Quelles dents ont grincé lorsque la Télévision a montré le ministre de Vaize prenant les ordres d'un banquier ? Le profond matérialisme de Stendhal joue ainsi dans deux directions : par la description précise d'un état de fait et par le fonctionnement déjà, à l'intérieur de cet état de fait, avec les moyens du bord, d'une conscience à l'œuvre. L'argent conscient de lui-même et procédant à l'analyse de son propre pouvoir par l'intermédiaire d'un homme qui est d'abord et constitutivement un homme d'esprit et qui *joue* au banquier plus qu'il n'est banquier : Stendhal tient fermement ces deux bouts de la chaîne de tout réalisme qui sont le fait vrai et le processus. Par là il dit non tant *plus* que Marx, ce qui serait absurde, *qu'autre chose* que Marx. La littérature est connaissance du réel, mais non de l'extérieur : *de l'intérieur,* à partir de l'expression des contradictions vécues, sans la distance scientifique mais avec la distance particulière d'une adhésion impossible, d'un appel, et, faute de mieux, avec l'accomplissement de l'écriture.

4. Un roman républicain ?

Roman de l'argent, *Lucien Leuwen* est aussi — vieille fidélité de son auteur — un roman « républicain », le roman d'un héros « républicain ». Mais quel singulier roman républicain, et quel singulier roman d'un républicain ! Non seulement on n'y *voit* pas les *masses* républicaines ; non seulement on n'y voit jamais le *peuple* républicain, en sa chair : non seulement les seuls républicains y sont un intellectuel fils de grand bourgeois et quelques militaires naïfs coupés des masses, mais encore la république n'y est jamais même promesse ! Elle « tarde trop à venir » pour le héros, dont la société repousse « les qualités actuelles », mais aussi, à la différence de ce qui se passera chez Vallès, chez Erckmann-Chatrian, elle ne fait réellement rien *vivre* ni en épaisseur ni en devenir ni en message : les pauvres tisserands contre qui on lâche les soldats n'ont qu'une réaction de survie et n'ont certes pas la moindre idée sur la manière dont pourrait être réorganisée la société. Les origines sociales de l'auteur suffisent-elles à rendre compte de cet aspect du roman ?

On le sait depuis *Le Rouge :* le peuple est une non-force, une absence. Le peuple ne peut que subsister et se vendre, au plus réagir avec violence. C'est lui qui fournit, avant les espions de *Lucien Leuwen,* avant les séminaristes crasseux et ambitieux, condisciples de Julien Sorel, la foule superstitieuse de Bray-le-haut, prosternée, lors de la visite du roi à Verrières, non tant devant les reliques d'un saint que devant les dix mille bouteilles du marquis de La Mole. Vision de bourgeois (alliance des chaumières et des châteaux) ? Vision vraie. Déjà, au XIXe siècle, la droite ne gouverne qu'avec un consensus populaire mystifié. Et, lorsque dans le roman de 1835 le peuple insulte les agents du pouvoir, il ne peut faire le jeu que des oppositions bourgeoises. La seule explication n'est pas dans les institutions (le système électoral censitaire, qui élimine et marginalise le peuple) qui ont leur logique et leur nécessité. Car enfin qu'est-ce, alors, que le peuple ! Quelle nouvelle *conscience* et quelle nouvelle *majorité* représente-t-il ? Aucune. Et donc, pour la conscience minoritaire et qui cherche, qu'est-il et que peut-il être sinon masse de manœuvre objective pour les féodaux (bourgeois ou nobles) ou — domaine du rêve pour les intellectuels — inaccessible idéal perdu ? Ce peuple, en ses mouvements, s'arrête vite d'ailleurs : « L'imprudence chez le pauvre, note Stendhal, est rapidement freinée par le manque de pain. » Le peuple ne veut que « de l'ouvrage » : c'était le refrain de la Restauration ; il demeure vrai après 1830. Le peuple n'a pas de programme. Et le peuple est ignorant. Lorsque Stendhal cite Béranger à propos de Napoléon :

Le seul roi dont le peuple ait gardé la mémoire
il ne faut pas oublier qu'il s'agit d'un peuple qui ne sait pas lire, mais aussi d'un peuple qui, tout en achevant de détruire au jour le jour l'unité idéologique et pratique du Tiers-Etat, fonctionne encore à l'intérieur de ce cadre vermoulu. Quelle relation, dira-t-on, avec l'histoire d'un jeune homme ? Mais c'est que ce jeune homme *voudrait* être républicain, et qu'il ne le *peut* pas. Il est bien persuadé que ce château de cartes de friponneries ne saurait durer dix ans. Mais qui (ou quoi) le fera tomber ? Tout le monde n'est-il pas d'accord ? Dès lors : « Comment peut-on estimer assez les hommes, cette matière sale, pour être de l'opposition ? » Quel langage pour un républicain ! Mais aussi faut-il qu'une opposition ait un avenir... C'est ici que tout se noue. Lucien, comme le JE des pamphlets de 1823 — 1825, cherche son parti et ne le trouve pas sinon dans les mouvements de son cœur : « être humain est un parti », note Stendhal en marge de ce passage sur Mme Grandet : « En la voyant évanouie, ses traits,

sans expression autre que la hauteur qui leur était naturelle, lui rappelèrent l'expression qu'ils avaient lorsqu'ils lui présentait l'image des prisonniers mourant de froid et de misère sur leurs charrettes. Et, au milieu d'une scène d'amour, *Lucien fut un homme de parti*. ». Mais ce parti de l'humain, il n'a pas d'existence historique. D'où la solitude. D'où le destin.

Comme tout grand roman, *Lucien Leuwen* est le roman d'un destin, mais jamais de manière aussi claire, jamais de manière directe, un destin n'a été ainsi lié à l'Histoire donné à lire comme historique. Il y a un mystère Lucien. Mais la clé s'en trouve pratiquement tout entière, plus que dans une *nature* et dans un *caractère,* dans l'absence ou la faiblesse en avant (dans le prolongement des mouvements du cœur et de l'esprit) d'un relais démocratique. Sous la Restauration déjà, très vite, on n'avait plus disposé, contre la droite, que de l'exemple *réel* du libéralisme, parti de banquiers et d'industriels combinards, mûs uniquement par des mobiles de classe et méprisant le peuple. La droite au pouvoir, toutefois, brouillait les cartes, et alors on espérait, par exemple, en La Fayette : la bourgeoisie parlait encore alors — *et pouvait parler* — un langage de gauche. Mais sous la monarchie de Juillet, la « gauche » d'hier, gouvernant et assurant l'ordre, n'est plus capable d'irradiation idéologique et l'on ne dispose plus que du lointain exemple « américain », c'est-à-dire, considère Stendhal, d'une démocratie niveleuse, qui ne s'intéresse pas aux affaires de l'esprit pour laquelle seul compte l'argent, critère unique de valeur et capacité, et dans laquelle il faut faire la cour à l'épicier du coin. Pour certains, cependant, la « jeune Amérique » continue de nourrir des illusions. *L'Aurore,* à Nancy, est « le journal américain de la Lorraine », c'est-à-dire, dans l'esprit de Stendhal, le journal qui sans s'en rendre compte, p   sa phraséologie démocratique, fait nécessairement, a terme, le jeu d'une société inacceptable. Stendhal ne donne-t-il pas à entendre quelque part que c'est Louis-Philippe qui a payé Tocqueville pour écrire *De la Démocratie en*

Amérique? L'affirmation est grosse, mais il faut admirer, chez cet homme en apparence si « politique » et si peu « économiste », une clairvoyance qui lui fait percer les apparences ; non seulement Marx a rendu Stendhal plus lisible, mais Stendhal, avec sa littérature, anticipe sur les analyses scientifiques de Marx quel est en effet, dit le roman, le contenu *réel* de la démocratie bourgeoise ? C'est là que le regard se fait impitoyable, impliquant, écrivant la solitude du héros. Publius et Vindex, les militaires républicains, sont de la meilleure foi du monde, mais sur quoi peut s'appuyer leur républicanisme pour que leur république et sa vertu, si elle se réalise, soit autre chose que celle de l'argent et des combines politiciennes ? S'ils veulent que leur république soit *vraiment* autre chose, « les braves soldats de la Révolution » passés au service de Louis-Philippe les feront fusiller, « et *seront approuvés par l'immense majorité* ». C'est que « l'immense majorité », lancée dans la course à la réussite, « l'immense majorité » non consciente, et qui est encore bien loin d'être un prolétariat avec des alliés, soumise à la loi bourgeoise et intériorisant les pseudo-valeurs bourgeoises, non seulement ne songe qu'à s'enrichir ou grappiller, mais encore — tout se tient et c'est un signe — de moquerie et « *de la voix de Mme Malibran et de l'éloquence de M. de Lamennais* ». C'est-à-dire de l'art ET de la liberté. Comment s'en sortir ? Car il faut vivre. La démocratie à l'américaine nourrit par réaction chez Stendhal et chez son héros le culte des « anciennes civilisations » qui, seules, peuvent donner les plaisirs de l'esprit. Mais là, autre impasse. Car qu'est-ce que le plaisir sans la justice ? Mais aussi qu'est-ce que la vie sans plaisir ? Simple passéisme d'esthète ? Et peut-on accuser Stendhal ? Mais l'éloquence de M. de Lamennais ? Ce n'est plus, comme sous la Restauration, de l'éloquence religieuse. C'est alors, ne l'oublions pas, de l'éloquence en faveur du peuple et des pauvres ; ce sont les *Paroles d'un croyant,* l'œuvre d'un prêtre révolté condamné par Rome et qui voulait réconcilier Dieu avec la liberté, rendre Dieu aux pauvres. Pas si simple, cet esthétisme qui aime la voix de Mme Malibran, mais *aussi* cette ardente prédication présocialiste (*vox clamans in deserto*, dit Lamennais). La démocratie « américaine » (en France, à terme, le système Guizot) rejette *à la fois* la voix de la Malibran et *Les Paroles d'un croyant*, l'art et le socialisme. La démocratie, la république « américaine », c'est « la nécessité de faire la cour aux gens médiocres ». Impossible, donc de donner un contenu positif à ce mot de *république ;* non par fatalité mais parce que l'état des rapports sociaux l'interdit. Une république pure ? Il ne peut s'agir, en l'absence d'une force démocratique agissante, que de mots d'ordre et de slogans vides, même s'ils sont pleins de cœur. On vole dans les ministères, discrètement mais efficacement ? Stendhal commente dans le texte : « *Comme ces petites mœurs sont à la veille d'être remplacées par les vertus désintéressées de la république qui sauront mourir comme Robespierre avec treize livres dix sous dans sa poche, nous avons voulu en garder note.* » L'ironie est dure pour le romantisme social (qui *s'imagine* qu'on est à la veille de ce changement, qui *voudrait* qu'on soit à la veille de ce changement), pour ces républicains utopistes, pour ces républicains qui veulent changer le monde avec des mots et sentiments. Mais OU *république* et *démocratie* sont-elles autre chose, dans la France de 1835, que mots et sentiments [1] ? Et, à ce héros qui toujours joue et s'interroge, que reste-t-il d'autre, comme à Hamlet, que des mots, des mots, des mots ? C'est sans doute parce que Stendhal est un optimiste profond que Lucien ne

---

1. Un exemple précis de dégradation d'un contenu qui s'en va, d'un mot qui reste. Les préfets que rencontre Lucien sont des êtres vils, plats, etc. Mais cette fonction de préfet, avec ses souvenirs romains et ses souvenirs de l'Empire, avec ses idées d'organisation du peuple ! *Préfet !* Représentant du pouvoir organisateur ! Stendhal, en juillet 1830, avait pensé, avant l'intervention de Guizot, obtenir la préfecture du Finistère. Il avait même rédigé un projet de proclamation dans le plus pur style civique : « Que vos jeunes concitoyens des campagnes apprennent deux choses : le maniement des armes et à lire ! » Et l'on finissait à Civitavecchia à contrôler des cargaisons... Et les préfets n'étaient plus que des faiseurs d'élections...

devient pas fou, qu'il demeure un marginal et un irrécupérable non vertigineux dont l'ultime invention sera de payer ses dettes et de s'en aller avec sa mère, en refusant de jouer le jeu bourgeois. En attendant il vit, il essaie de vivre. Et c'est bien difficile. Pourquoi ?

Le Rouge, déjà, après *Armance,* roman d'une société encore fortement contrastée, était le roman d'une société s'unifiant sous la férule des « gens riches ». En ce temps-là, ambitieux et n'ayant pas encore de pouvoir politique, ils se disaient libéraux et appelaient cela aimer le peuple. *Lucien Leuwen* est le roman de la fusion totale. De manière significative, l'aristocratie n'est plus perçue, et donc n'existe plus, que dans les marges du réel social, boudant, rêvant et à peine frondant à Nancy. L' « henriquinquisme »[1] comme dit Stendhal, impuissant, déchiré, n'a aucune couleur héroïque à la Chateaubriand, et les êtres de cœur comme Mme de Chasteller y sont isolés, incompris. La pensée de ces gens-là ? « Remettre la France en pâturages » ! Mais le père de Mme de Chasteller doit sa fortune à une participation que lui a fait avoir Louis XVIII en 1817 dans un emprunt d'Etat... Non, décidément, et même si l'on snobe le préfet et les officiers Juste-Milieu, il n'y a plus là ni *force* réelle ni donc *coupure* valable. Le pouvoir, contre sa propre opposition dynastique, n'est-il pas conduit d'ailleurs à s'entendre avec l'extrême-droite ?[2]. Non, décidément, la France s'unifie, et s'unifie selon la loi contradictoire, inégale, mais réelle et puissante, de la bourgeoisie bancaire. Or cette unification, ce sabotage sont d'une extrême importance humaine et, ici, romanesque la

1. De Henri V prétendant légitimiste au trône de France.
2. L'analyse de Marx éclaire cette dynamique : « l'aristocratie financière » qui gouverne — une partie de la bourgeoisie d'affaires — entend bien ne pas partager avec d'autres fractions — avides — de la bourgeoisie. D'où l'alliance tactique possible — avec une extrême-droite légitimiste qui ne représente absolument rien sur l'échiquier économique, qui rentre dans ses châteaux après les élections, et qui est attachée à l'ordre. Même thème chez Balzac *(Le Député d'Arcis),* qui est aussi l'histoire d'une campagne électorale.

qualité s'y trouve niée par un égalitarisme non de promotion mais de rabaissement. Triomphante, la bourgeoisie a horreur du mérite et de l'exception, des arts et du génie, de la tête et du cœur. D'où une relance puissante de l'une des grandes intuitions stendhaliennes : le fourrier des révolutions pour l'instant impossible mais qui se produiront un jour, c'est l'homme de qualité ou la femme de qualité. La bourgeoisie ne saurait admettre la qualité et l'analyse *littéraire* est ici une lucide et puissante analyse *historique*. La haine majeure et constitutive de la bourgeoisie avait été sous l'ancien régime, la haine des supériorités de fait et dépassées de la naissance ; contre elles protestait le mérite, alors, mais pas toujours (voir La Bruyère), prouvé par la richesse. Sous la Restauration, la bourgeoisie avait continué de haïr les privilèges, qui brimaient et barraient encore l'industrie. Elle avait remporté la victoire en 1830. Victoire pure et libératrice ? Non. Car on commençait à s'apercevoir que ce que haïssait la classe moyenne c'était, finalement et nécessairement, *toute* supériorité et, maintenant, notamment les supériorités nouvelles de l'intelligence. Une preuve : la bourgeoisie, au fond, en sa prudence, haïssait les écrivains : « Songez combien, notait Stendhal vers 1822, un académicien qui a fait peu ou rien comme MM. Raoul Rochette ou Briffaux, doit sentir de rancune intérieure pour un homme comme Courier ou Béranger, qui n'a pour soi que la voix publique ? *Cela ferait comprendre les haines de 1793.* » L'axe du jeu s'est déplacé ; nouvelle bourgeoisie contre nouvelles supériorités ; bourgeoisie médiocre et niveleuse occupant ses places fortes contre qualités et noblesses nouvelles qui sont celles de l'esprit. Que Béranger et Courier soient eux-mêmes des bourgeois, peu importe. Ce que repère bien Stendhal c'est la tendance. Or tout ceci s'est aggravé en 1835, et l'homme de mérite est, de plus en plus, l'ennemi. *Peut-être surtout le jobard.* Et c'est là que l'on mesure à quel point l'Histoire a avancé.

« *Il n'est pas fait pour son siècle* [...] et ce ne sera jamais qu'un plat homme de mérite » dit le père

Leuwen à propos de son fils, ce qui demande explication et met en sa vraie perspective l'explication « sociologique ». Le premier membre de phrase, en effet, lu seul, peut, comme déjà pour Octave, renvoyer à quelque cliché idéaliste romantique : le héros incompréhensible et mystérieux exilé dans le monde. Mais le second membre de phrase éclaire d'un dur jour matérialiste l'assertion romantique : le mérite, le mérite vrai, n'a pas sa place dans le siècle qui n'est plus celui de la promesse et de la liberté mais celui de la réussite à tout prix, le siècle du profit. C'est la leçon de 1825 qui se développe. Le mérite jadis, était exilé dans la France courtisanesque et classique de La Bruyère. Mais la société révolutionnée lui fait le même sort, avec sa nouvelle courtisanerie, que Stendhal comme tout le monde depuis la pièce de Scribe en 1822 appelle le « charlatanisme ». Dès lors avoir du mérite, et y croire, fait de vous un homme plat, sans avenir, sans intérêt parce que condamné au bavardage, à la récrimination, à l'inadaptation chronique, à l'échec. Mais il y a plus complexe encore : l'homme de mérite raisonne et philosophe ; dès lors il indispose et il est anti-plaisir : anti-plaisir des hommes du système, qui n'entendent pas être troublés ; mais aussi anti-plaisir des hommes de l'authentique, comme le père Leuwen ou comme Stendhal lui-même, qui entendent, après tout vivre, et ne pas se consumer éternellement pour de l'impossible. Un républicain, un saint-simonien sont nécessairement ennuyeux ; ils prêchent : ils s'empêchent et empêchent de vivre. Et pourtant, au fond du cœur, l'homme de mérite lui aussi est homme de plaisir : Lucien aime l'Opéra. Mais peut-il s'abandonner au plaisir ? Il y voit toujours vol et tromperie, détournement de l'essentiel. Aimer la musique, avoir des maîtresses... Et après ? Le monde en est-il changé ? L'homme de mérite est fondamentalement inquiet. Dès lors, écartèlement. Et, à nouveau, impasse. Raisonnant trop, l'homme de mérite ne peut spontanément goûter le plaisir social, aussi bien le faux (celui des hommes du système) que le vrai (celui que s'accorde quand même l'homme de

l'authentique qui n'a qu'une vie à vivre). L'homme de
mérite romanesque et vu, pris dans ses fantasmes, à la
limite, agace l'homme de l'authentique lucide qui l'écrit
et qui le voit, parce qu'il se gaspille et parce qu'il est
inefficace. Puritain, l'homme de mérite est aisément
républicain ou saint-simonien dans une société frivole
et consommatrice. Il y pourrait fonctionner comme
révélateur. Mais tel est le drame que, révélateur, il ne
l'est guère que pour le lecteur ; dans l'univers du
roman, il est inutile et dès lors il gâche non seulement
sa vie mais la vie, toute vie, et d'abord celle de son
double, celle de l'être qui l'a porté en lui, l'a créé et le
regarde vivre en même temps qu'il s'en éprouve
regardé : l'auteur qui, après tout, est lui aussi homme
de mérite, *mais qui sait,* et qui écrit. Impasse. Impasse.
Impasse. Toujours. Un homme de mérite, sans parti
révolutionnaire qui l'attend (La Bruyère était « précur-
seur », comme on dit, des philosophes et du XVIIIᵉ siècle, mais Lucien ?), étouffe lui-même et fait étouffer
autour de lui, se rend à lui-même et rend autour de lui
l'air irrespirable. Un Dostoïevski, esprit religieux,
messianique, prophétique, s'en arrange et y trouve une
éloquence. Mais Stendhal, dilettante et laïc, non. D'où
quelque chose qui nécessairement se produit chez le
héros du mérite : il en vient, après avoir tant jugé le
monde, à s'accuser lui-même. Non qu'il soit homme du
vertige et du gouffre intérieur, mais parce qu'il est
homme de conscience. Tantôt Lucien se dit que ses
exigences et ses idées sont le luxe d'un fils à papa qui
n'a pas besoin de travailler pour vivre. Tantôt, ayant
tenté de travailler et ayant mesuré la profondeur de la
compromission, il s'écrie : « *J'ai mal conduit toute ma
vie. [...] Je suis dans un bourbier sans issue.* » Mais que
pouvait-il faire d'autre ? Il n'a certes joué qu'à moitié,
mais s'il avait vraiment joué le jeu social, il serait *aussi*
dans un bourbier sans issue. Dès lors tout plaisir est
mort ou meurt. On est bloqué. Et il faut bien réfléchir
sur cette idée, d'apparence banale, en ces temps de
romantisme et de complaisance romantique, de situation sans issue. Car sans issue *pourquoi ?* Lucien,

comme le Raphaël de Balzac, répète souvent : « Est-ce ma faute à moi ? » Autrefois (avant, avant la Révolution, avant que l'Histoire n'ait commencé) ou depuis (lorsqu'on s'obstinait à penser comme s'il n'y avait eu ni Révolution ni début de l'Histoire) on s'écriait devant le problème philosophique du mal : « Est-ce ma faute à moi si Dieu a fait le monde *avec* le mal, si Dieu a accepté que le mal *soit* dans le monde ? » Question alors et déjà sans issue, sauf recours à la foi. On dit aujourd'hui (*La Peau de Chagrin*) : « Est-ce ma faute à moi si le libéralisme devient La Fayette ? » Question également sans issue. Mais question politique et non plus métaphysique. Donc peut-être sans issue pour le héros dans son Histoire à lui, mais non peut-être pour le lecteur, pour le lecteur d'après, et d'aujourd'hui, dans son Histoire à son tour. Car si l'Histoire a commencé, elle continue aussi. Deux niveaux de fonctionnement sont donc ici à repérer : celui du héros *écrit* en 1835, à son propre niveau de conscience et à celui de son auteur ; celui du héros lu en 1974 au niveau de conscience du lecteur. Et cette distinction permet d'être juste, d'éviter le schématisme dans ce jugement. Car certes on finit par être frappé sinon agacé par ce ton un peu languissant de Lucien, énergique dans le détail, mais se traînant un peu dans l'ensemble. Julien avait bien marqué un sommet (« guerre à la société ! ») mais il avait lui aussi, malgré son feu, sa langueur secrète et son goût blessé du bonheur qu'ignorent les Rastignac, et pas seulement les balzaciens. C'est que, finalement, Julien lui non plus ne croyait pas, ne croyait plus à l'ambition. Or le lecteur n'aime pas toujours ce genre de personnage. De même : le héros stendhalien est de plus en plus seul. Point de « Treize »[1], pour lui ; point de fraternité virile et avouée ; point véritablement

---

1. Dans *Histoire des Treize*, Balzac raconte l'histoire de héros qui reçoivent l'appui d'une puissante société secrète composée de treize membres qui se dévouent les uns pour les autres. *Histoire des Treize* est aussi de 1835, mais raconte des aventures qui se passaient sous la Restauration.

d'amis ; point d'humanité parallèle ou de remplacement ; point de contre-société. Et quel lecteur ici encore n'est pas, aujourd'hui même, un peu déçu que Lucien ne parle pas ni n'agisse pas plus ferme, ne rejoigne pas les officiers républicains et qu'il ne soit, un moment au moins, lié à mieux et plus que ce Coffe assez pâle (pensons à Bianchon dans *Le Père Goriot !*) et qui n'est guère qu'occasion de parler ? Mais si Lucien ainsi *rejoignait,* comme si Lucien était réellement, c'est-à-dire naïvement, énergique, le roman serait menteur et ne serait pas connaissance. De même que le roman serait menteur et ne serait pas connaissance si le couple Lucien-Bathilde, séparé par la méchanceté du monde, se retrouvait et triomphait. Il faut, pour que le roman soit connaissance, ET que Lucien reste seul politiquement, désarmé ET que l'amour demeure comme signe vain, non réalisable, dans un monde qui ne saurait être celui de la réalisation de soi ni de l'Histoire. On comprend, dès lors, qu'il n'y ait pas réellement de dénouement à ce roman de la république et de l'énergie impossibles et que tout reste suspendu : le texte est comme dissous par un acide, rongé par une lèpre. *On ne peut plus écrire sur la France moderne.* La plume se lève. De simplement psychologique et moral, le désenchantement devient littéraire, et le roman lui-même, à la limite, impossible. Si la chasse au bonheur ne continuait pas *quand même* dans le cœur et dans l'esprit de Stendhal et si l'Histoire aussi était réellement et totalement fermée comme elle le sera après Juin 1848, on serait bien près, littérairement, de Flaubert, et d'un roman du renoncement ou de la réintégration bourgeoise. Stendhal, à qui demeure tant d'optimisme, sauve encore et largement l'honneur de la modernité en faisant sortir son héros de scène de manière digne et silencieusement protestataire : le système ne l'a pas eu, alors qu'il aura Frédéric Moreau[1]. Mais on mesure quand même la profondeur du mal et le chemin parcouru ! Voyons-le, ce détachement, à la fois ronger

---

1. Dans *L'Education sentimentale* de Flaubert.

la personnalité et l'exprimer : pourquoi ne pas faire l'amour en passant à Mme de Chasteller (ce que Mlle Sylviane appelle joliment « passer quelques soirées avec cette jeune femme »)? « Ce passe-temps ne m'empêchera pas d'être un homme estimable et de servir la patrie, si l'occasion s'en présente » : où est l'union profonde autrefois rêvée entre l'amour et la guerre, entre la grande passion fondatrice et l'action ? Ici il s'agit de choses séparées, un peu légères, au mieux non contradictoires. Mais quelque chose ne marche plus. « *Il est drôle, dit Lucien, de sacrifier son cœur à l'ambition et pourtant je ne suis pas ambitieux.* » Mais comment l'être ? Déjà, dans *Le Rouge,* on n'était pas dupe : l'énergie, en système bourgeois, est piégée. Danton, qui était énergique et avait tant parlé de l'énergie, se serait (et s'était) vendu. Rênal et Valenod, *eux aussi*, étaient énergiques. Leçon : peut-on innocemment être énergique comme eux, et comme Danton s'il eût vécu ? Restait un héros ? La Fayette n'avait jamais volé. Mais en 1830 il avait volé pire que de l'argent : la République... Alors ? Etre ambitieux, énergique ou entreprenant, de plus en plus, *comme qui ?* Il y a longtemps en France que la grandeur est morte : avec l'Etat moderne. La preuve, dit une note marginale : « Qui autre que Corneille a fait un empereur ? Racine n'a fait que des princes élevés par Fénelon pour être princes... » L'être échappe. Mais il échappe dans et par l'Histoire. Mais aussi, dans et par le roman, il se sauve. A la différence de Frédéric Moreau chez Flaubert, ce que Lucien aura eu de meilleur comme souvenirs, ce sera quand même autre chose que des souvenirs de bordel.

5. Le désenchantement et ses limites

Oui, l'être échappe parce que l'Histoire échappe, et *Lucien Leuwen* aide à relire tout ce qui précède. La courbe du désenchantement bourgeois (mot à ne pas prendre ici au sens fade et mou qu'il pourrait avoir aujourd'hui, mais bien au sens très fort qu'il avait depuis 1830 : détachement, disparition de toute adhésion profonde, ruine des certitudes, en un mot, et pour parler notre langage, insoluble crise idéologique) se trouve parfaitement définie :

1) « UNE AMBITION FOUGUEUSE ENTRAÎNAIT MON ÂME DANS LES PAYS IMAGINAIRES » (*Le Rouge*), ce qui vient, qualitativement parlant, du procès Berthet : « Le fils du forgeron-ferrant de Brangues s'était fait en perspective un horizon peut-être sans bornes. » C'est l'imagination non de fuite, mais de conquête, tournée vers un avenir pensable et justifié ; le vocabulaire est le même que chez les « romantiques », mais les implications sont tout autres : d'action.

2) « IL Y A DONC UNE FAUSSE CIVILISATION ! » (*Lucien Leuwen*) : après Juillet, prise de mesure de la vanité des réussites bourgeoises et des rôles à tenir dans le cadre de la société bourgeoise. On croyait pouvoir *faire*, et l'on *joue*. Seule la mauvaise foi permet de ne pas le voir. L'ennui n'est pas métaphysique, mais social. Le vide n'est pas philosophique, mais politique. La bourgeoisie s'effondre en ce qui fut longtemps son propre centre : les valeurs et pratiques d'entreprise et d'action. Comment la critique bourgeoise aurait-elle pu analyser correctement un phénomène littéraire qui institue le procès de la bourgeoisie ?

On commence à comprendre : la nature du désir n'est pas séparable de son objet. Le désir ne crée pas l'objet mais le contraire. Dès lors, localisée, caractérisée, historisée, l'ambition porte en soi sa propre condamnation. C'est le thème du *détachement* qui s'aggrave après Juillet. Octave ne pouvait s'attacher. Julien avait passionnément voulu s'attacher à quelque chose. Lucien se détache et ne veut plus rien, *ne peut plus* rien vouloir. Il ne peut que jouer, découvrir qu'il joue et, un jour, décider de ne plus jouer. C'est-à-dire — très concrètement et très symboliquement — quitter les costumes qu'il a successivement essayés. Ici encore on relit tout le romanesque qui précède.

Pourquoi, en effet, finalement et depuis toujours, cette omniprésence du thème du *costume* ? C'est l'une des obsessions du roman stendhalien, œuvre de cet homme, Beyle, habillé en « de Stendhal ». Que ce soit uniforme ou soutane, accoutrement militaire ou ecclésiastique, le problème est : n'étant pas, étant mal ou n'étant rien, en quoi s'habiller pour se donner l'illusion d'être ; ou : en s'habillant devient-on quelque chose ; et quoi ? L'habit noir ou bleu de Julien n'est qu'attente d'un costume plus brillant et tout suit et se tient : uniforme de garde d'honneur, uniforme de lancier, couleur du passepoil, toilette de l'évêque d'Agde, costume de maître des requêtes, pseudonyme de romancier... Le costume ne jouait aucun rôle dans la littérature classique et l'on habillait les Grecs et les Romains des tragédies en courtisans contemporains. Mais depuis la Révolution et l'Empire... Vigny aussi est *habillé* en mousquetaire rouge en 1815[1], et en quoi Napoléon lui-même ne s'était-il pas déguisé ? Tout cela dit une humanité qui n'est pas bien dans sa peau et qui se cherche une légitimité. Le costume et le « en quoi s'habille » ou « en quoi est-on habillé » est lié à l'idée du *rôle* : celui qu'on joue, celui qu'on voudrait jouer, celui qu'on est forcé de jouer. Thème métaphysique ? Non. Ce n'est pas néant abstrait dans quoi l'on débouche. C'est un néant social. Une absence de prises. Lorsque Lucien regarde l'uniforme neuf sur le canapé il regarde ce qu'il peut être, ce qu'il sera peut-être, ce qu'il voudrait être, ce qu'il n'emplira pas ni ne sera pas. C'est une forme vide de lui-même qu'il interroge. Il faut la remplir. « Heureux les héros morts avant 1804 » : eux n'avaient pas à se déguiser. Il est vrai qu'aux dernières lignes, en s'en allant, Lucien, enfin, sera habillé en vrai. Frédéric Moreau, lui, sera habillé en rentier.

C'est dans *Lucien Leuwen,* ainsi, qu'on a réponse à la vieille question : livrer bataille ? Quelle bataille ? Mili-

---

1. Voir *La Semaine sainte* d'Aragon.

taire ? Civile ? Lucien, à la différence d'Octave et de Julien, a été réellement officier, lui. Pourquoi ? *Pour quoi ?* Pour rien. Il a vu les vieux soldats de Napoléon, qui jamais plus ne feront la guerre, devenus courtisans et policiers. Il a vu s'éloigner définitivement la perspective d'une guerre que 1830 pouvait justifier. Il a vu l'armée utilisée contre les ouvriers (« Il y aura des croix à gagner ! »). Il sait qu'il n'y a plus à livrer à l'armée que des batailles ennuyeuses (faire carrière) ou crapuleuses (faire le flic). Alors ? Oui : quelle bataille livrer ? Civile ? S'imposer socialement ? Lucien n'a rien à désirer. Toutes les batailles sont pourries, livrées par des minables (le cousin Ernest Develroy : sa campagne aux eaux de Vichy avance de quatre ans son entrée à l'Institut). D'où : « Si j'ai du courage, qu'importe la forme du danger ? » Ou : « Cette boue, c'est pour nous la noble poussière du champ de bataille. » Lucien obtiendra la croix pour l'émeute de Blois... Mais il partira nu, enfin peut-être un peu lui-même, et ne portant même pas l'uniforme des héros heureux des romans bien faits. Lucien s'en va comme l'Alceste de Molière : seul et nu, mais exemplaire. On y perd certes le plaisir de l'histoire bien racontée mais est-il encore des histoires à bien raconter dans la France bourgeoise ? La poésie est morte. On en a besoin quand même ? Alors on va écrire un autre livre. Et l'on va retourner à cette chère terre d'Italie où il existe encore des légendes. Et on laissera à MM. Robert Macaire, Thiers et Guizot leur progrès.

STENDHAL ET L'AVENIR[1]

Il n'y a nulle part chez Stendhal de discours d'Enjolras annonçant l'avenir.

Il y a bien le discours de Julien Sorel devant le tribunal, mais ce n'est pas un discours de l'avenir. C'est un discours de la dissidence[2], un discours de héros qui s'en va vers la seule dignité qui ne s'achète pas. C'est un discours suicidaire. C'est le discours de l'adieu à tout un « progrès ». A sa date, surtout, ne n'oublions pas : le discours de Julien Sorel ne s'adresse en aucune façon

---

1. Communication au colloque de Grenoble, 27 janvier 1983.
2. « Dissidence » est employé ici pour désigner un comportement significatif du « premier » XIXe siècle.

aux héros de Juillet. Que faire de ce discours avec les barricades de Delacroix et les hymnes de Victor Hugo ?

Il n'y a nulle part non plus chez Stendhal, en tête d'un roman, encore moins en tête d'œuvres complètes organisées en ensemble, en cathédrale, en message, un de ces manifestes, une de ces proclamations théoriques qui, à l'adresse des générations futures, et dans le fil même des générations présentes et de leurs exigences, annonce un sens quelconque à l'Histoire, au Texte, à la Méthode, à l'Humanité. Jamais Stendhal-Beyle n'a prophétisé ni annoncé quoi que ce soit. Jamais, absolument jamais il n'a dévoilé aux yeux et aux oreilles des populations attentives le secret grandiose, ou du moins cohérent, de l'avenir. Comme il n'y a pas chez lui non plus de Daniel d'Arthez ni de Louis Lambert, point de grand politique, point de grand écrivain, point d'intellectuel préparant dans sa mansarde les moissons futures, cette double absence du héros républicain et du héros intellectuel, du grand philosophe et du grand poète le met dans un porte-à-faux radical renforcé aussi bien avec le romantisme révolutionnaire qu'avec le systématisme balzacien, avec le positivisme inspiré, avec tout ce qu'un certain « démocratisme » intégrera à son message, avec aussi tout ce qu'un « marxisme » doctrinal demeuré frotté de « république » et de scientisme n'hésitera pas à reconnaître et à reprendre. Les hommes des idéologies de l'avenir n'ont guère reconnu Stendhal, homme, lui, d'une dispersion infinie, jamais d'une javelle, ô Booz !, correctement liée. Nul n'a jamais essayé de prêcher Stendhal. Ne serait-ce pas parce que cet homme, incontestablement « de gauche », jacobin et fidèle à tant de choses, a peut-être, le premier, et de la plus belle manière, tordu le cou à l'inépuisable poncif de l'avenir ? Ne serait-ce pas parce que, l'un des premiers, ayant refusé de faire (à sa manière) bouillir certaines marmites, il y a vraiment proféré le possible mot d'ordre profond de tout matérialisme : fonctionnement, mais *no future ?* Ne serait-ce pas aussi que, l'un des premiers, et de la manière la plus radicale, il ait impliqué *l'Etat* et les structures de pouvoir comme

caution, figure à la limite *origine* de cette même idée
d'avenir ? Evoquons la définition althussérienne de
l'Histoire : un processus sans sujet ni fin. Balzac la
vérifie un peu. Stendhal l'a, dans ses fictions et dans
leurs textes d'auteur, *écrit* le premier. Comment, dès
lors, être aussi à l'aise avec lui qu'avec Hugo, Balzac,
Chateaubriand même, qui avait quelque idée, on le
sait, de « l'avenir du monde » ? Tous ont, plus ou
moins, une « France nouvelle », une « Jeune France »,
quelque part et un jour dans leur visée, dans leur
perception du réel. Stendhal, lui, n'a qu'une France
telle qu'elle est, une France sociologique, *une France
réelle*. De quelle réalité ? Et qui, à terme, paie ici ? Les
bourgeois libéraux, certes, dans un premier temps.
Mais dans un second ? Et dans un troisième ?

Et pourtant...
Stendhal n'a-t-il pas lancé vers *un*, vers *des* avenirs,
et avec tant de chances diverses, des héros ? N'a-t-il pas
fait sans cesse s'interroger ces mêmes héros sur ce
même avenir qui les attendait ou qu'ils attendaient, et
qu'ils entendaient, souvent, se forger ? Ici, cependant,
on trouve une première aporie : car tous les héros de
Stendhal, à un moment, accomplissent l'acte précisément, qui les coupe de tout avenir et qui les interdit de
tout projet. Qui les innocente aussi, de toute complicité
avec le « progrès ». Octave refuse toute carrière et se
tue *en vue,* simplement, de la Grèce ; Julien affirme qu'il
a prémédité son crime, et s'attire ainsi — à coup sûr la
peine de mort ; Lucien paie follement ses dettes, et s'en
va, avec sa mère, travailler. Or qu'est-ce qu'un avenir
dont tous les héros se débranchent ? En sens inverse il
est vrai, la « classe pensante », les « intellectuels »
(mot inventé en 1832 dans une lettre à Mareste) ne
postulent-ils pas, quelque part et un jour, un avenir,
des alliances, un nouvel effort, un nouveau sens des
choses ? Et Beyle, écrivant ses premières lignes, n'écri-
vait-il pas déjà pour un public absent, pour un public
tout autre que le public *déjà* des académiciens, pour un

public « à venir » ? Comment expliquer cette contradiction : une pulsion fictionnelle et théorisée en direction
d'un ailleurs demain et d'un autre chose quelque part ;
mais aussi comme un court-circuitage pratique de cette
même pulsion, son procès même, le reproche constant
qui lui est fait d'être piégée par le « progrès » bourgeois
ou par le charisme illusoire et mystifiant d'une
« gauche » purement bavarde, souvent jobarde, facilement répressive, de plus, sitôt qu'elle dispose de la
police, et d'un *pouvoir*. Les « libéraux » de Parme (qui
font avaler Ernest-Ranuce au peuple), ceux de la
monarchie de Juillet, les militaires naïfs de Nancy avec
leurs pseudonymes latins, le Gautier-Carel qui prophé-
tise une France dans laquelle tout le monde ne travail-
lera plus que pour l'honneur : le cynisme des uns, le
verbiage des autres rejoignent aisément Joseph Prud-
homme, héros, lui aussi, du « progrès », c'est-à-dire,
explique-t-il sans peur, du « juste-milieu », et qui finit
directeur du journal... *Le Progressif*. Le Dévelroy de
Lucien Leuwen incarne bien cet avenir qui « attendait », éventuellement, des héros qui se seraient obsti-
nés : la narration de l'authentique exclut radicalement
toute programmation de vie. En conséquence (mais
cela allait-il de soi ?) *toute programmation de l'histoire*.

Rappelons d'abord qu'il y a chez Stendhal un certain
nombre d'avenirs *décrits*, des avenirs d'autrefois devenus des choses, des vectorialisations qui ont été vécues
comme telles mais qui ont cessé d'être. Avoir été soldat
de la République de 1792 à 1804 — comme il est dit
dans *Lucien Leuwen* — (heureux, c'est bien connu, les
héros morts avant cette date.) ; avoir été jeune homme
à la fin du règne de Charles IX (ou de Charles X : le
manuscrit de *Leuwen* est incertain, et les éditions
donnent les deux leçons) ; avoir été Italien lors de
l'entrée des Français à Milan en 1796 ; avoir été libertin
sous la Régence : autant d'ex-avenirs depuis oblitérés,
déclassés, devenus gadgets d'une Histoire qui ne suscite
même plus leurs équivalents ou leurs successeurs. C'est

pourquoi Filoteau aura quand même eu de la chance :
nul ne lui reprendra jamais d'avoir pu avoir, si subjectif
ait-il été, un avenir.

Mais voici pire. Il y a eu aussi ces *autres* avenirs,
purement de l'argent, de l'ambition, des avenirs de
notables et de pouvoirs comme ceux qui se sont ouverts
en 1815. Alors un Rênal, déjà industriel, a pu rêver
d'aller plus loin : maire de Verrières, bien sûr, mais
pourquoi pas Pair de France ? Les monarchies ont de
ces ingratitudes... A la même époque, les filateurs de
Verrières, libérés par la fin du blocus continental, se
sont mis à tenter d'être, et à être, souvent, autant de
petits Oberkampf. Avenir cela ? Avenir en tout cas
pour des pères Sorel, hommes du peuple ne rêvant que
de devenir bourgeois, symétriques et doubles de leurs
« rivaux » ou émules des conseils municipaux. Là ne
s'arrête pas Beyle, car il frappe, encore plus juste avec
tous ces avenirs qu'il aurait pu appeler des « puff-
avenirs » : rêver des millions gagnés par Mirabeau, et
appeler cela être libre et aimer le peuple (relire ici
l'étonnante ouverture de la seconde partie du *Rouge*) ;
ou encore, comme Gautier, imaginer une France
« américaine » qui serait aussi (!) une France spartiate,
romaine, etc., etc., où les fonctions seraient rétribuées
par l'*honneur*. L'avenir est ici parlé par des acteurs, non
par des héros, encore moins par des hérauts. Est-on au
fond ? Non.

Car il y a, dans la conscience et dans le souvenir de
Beyle, ces autres avenirs bidons qu'il a lui-même vécus,
que ce soit les violences « sans-culotte » de l'enfance (le
cou coupé de Louis XVI, les prêtres à qui on fait la
peau place Grenette) ; que ce soit les autres violences
également républicaines de la « maturité » et du héros
qui se trouve chargé, de manière équivoque, de l'exprimer : Louis-Philippe ne saurait durer, les puissances
réactionnaires ne sauraient tolérer longtemps les Trois
Journées et, « alors, il fera beau se battre ». Pulsions,
poussées, jamais réellement projet politique. Jamais
intégration à un programme, avec des troupes, des
objectifs. Quitter Grenoble, mais pour quoi faire ?

Avec qui ? Quel avenir surgirait d'un simple ras le bol comme on dirait aujourd'hui ? Le sacrilège, la pensée sacrilège devaient subir bien des mutations avant d'être autre chose que des transgressions superficiellement libératrices. Tout un prêchi-prêcha libéral-démocratique attend ici Stendhal : à la différence, comme le disait si bien Sartre à propos de ce qui se passait dans le roman de la révolte jusqu'à Nizan, jamais les révoltés, chez lui, ne deviennent des militants. Ne serait-ce pas parce que, avant ces révoltes, Beyle sait bien qu'au fond de sa propre expérience il y a bel et bien eu cet « avenir », vers 1809-1810, alors qu'on rêvait mariage, baronnie, majorat, pourvu que le « bâtard » veuille bien lâcher quelque argent ? L'avenir, pour le romancier Stendhal, sera toujours un peu cette chose horrible qui a failli « avoir » cet Henri Beyle qui faisait la cour au Roi de Rome...

Contrairement, donc, à ce qui se passe le plus souvent chez Balzac, l'avenir est ici du point de vue romanesque, *une forme vide.* Point de départ à pied de sa Touraine natale de César Birotteau vers Paris, point de petite sœur rançonnée (Rastignac, Lucien) au nom d'une magnifique carrière à faire — et qui, dans des limites variables, se fera. Point de constitution d'empire (la dynastie des Malin de Gondreville). Point de Popinot, de « petit Popinot », devenant ministre. Donc : point d'*appel.* Il s'ensuit un certain nombre de conséquences.

Les signes formels les plus évidents pourraient être : 1) Le surgissement, très tôt, dès le *Journal* et la *Correspondance,* du thème *stoïcien* de l'abstention, de la retraite (« Si tu as une chemise et un cœur, vends ta chemise et va vivre en Italie ») ; la hantise, aussi, de la grande figure d'Alceste, qui structure tout le début d'*Armance* (« le misanthrope jeune »). Assez avant dans la monarchie bourgeoise, les *Mémoires d'un touriste* parleront avec sympathie et compréhension de ceux qui, après Juillet, ont décidé de se *retirer* chez eux : de Molière à Baudelaire, Stendhal s'inscrit ici dans le registre de ce qu'on pourrait appeler l'aristocratie par dissidence. Un refuge ?

2) Le thème qu'on pourrait appeler « de la peau de chagrin » : plutôt ne pas désirer, plutôt ne rien faire que risquer la destruction. D'une manière générale, les *dilemmes* stendhaliens rejoignent parfaitement le dilemme balzacien ; il manque la théorie de l'énergie vitale à économiser ; mais la dynamique est bien la même, et de plus se repère dans le devenir : Julien s'écrie encore « aux armes ! », mais, pour Lucien Leuwen, la consigne, le mot d'ordre est de « ne rien faire », de passer inaperçu. Tout le Hamlet moderne, romantique et postrévolutionnaire est derrière tout cela, générateur d'un romanesque bien particulier de l'absence au monde.

3) La constitution du héros en *héros du non-désir*. On connaît l'« impuissance », non pas clinique mais symbolique, d'Octave de Malivert. Julien Sorel, lui, croit pouvoir désirer (rançon de la situation faussement mobilisatrice de la fin de la Restauration). Mais Lucien Leuwen a « la haine de l'amour » et se refuse absolument, dans le cadre des « grandes manœuvres » de Nancy, aux « amours de garnison ». Lorsque son père lui conseille, comme au Rousseau de l'épisode de Zulietta, d'étudier les mathématiques (et donc de ne plus songer aux femmes), le sens est assez clair : qui et quoi désirer ? avec quels risques de compromission désirer ? Le babilanisme stendhalien est l'un des signes les plus clairs du *repli* du héros, alors que les faciles conquêtes du héros balzacien en désignaient toute l'extraversion. A-t-on assez remarqué que nulle femme, chez Stendhal, n'est vraiment l'*initiatrice* ni même la *médiatrice* du jeune homme, soit vers de hautes vérités, soit simplement vers les réussites ? Il n'y a guère que cette pauvre Madame de Rênal, mais son rôle se limite à faire endosser à son jeune amant un déguisement de garde d'honneur. Où sont les plans de vie de Mme de Mortsauf pour Félix de Vandenesse ? Où sont les interventions passionnées de tant d'autres

pour de jeunes hommes dont la fortune est à faire ? La femme, chez Stendhal, n'est jamais l'avenir de l'homme. Or, dans la littérature moderne, l'avenir existe-t-il sans la femme ? Ne l'oublions jamais : à l'origine de la vision stendhalienne du monde, il y a eu cette mort de la mère et l'absence de toute « Dilecta », mais aussi ce que *signifiait* cette absence de la première image féminine personnelle : l'amuïssement de la Révolution française, avec, comme conséquence, l'amuïssement de tout ce qui y conduisait, et de tout ce qui pouvait ou prétendait en renaître.

Buvons, en effet, cependant, ô « progressistes », la dernière lie : c'est tout le XVIIIe siècle des Lumières, tout un certain XVIIIe siècle demeuré si cher à toute une tradition libérale, puis républicaine, puis marxiste, qui se trouve, dans ce roman, mis en cause. Que dit le vieux chirurgien-major à Julien Sorel ? Il lui a légué toute une bibliothèque (« trente ou quarante volumes »). Cette bibliothèque, il importe au jeune homme, on le sait, de la cacher. Il s'agit donc, pour certains, de livres *scandaleux*. Lesquels ? Les mêmes, sans doute que lira en cachette Octave de Malivert pour ne pas inquiéter ou scandaliser sa mère : des « philosophes », des athées, des matérialistes. N'est-il pas curieux, cependant, que, de cette bibliothèque normalement brûlante, il ne subsiste que les *Confessions* de Rousseau comme titre *nommé* ? Pourquoi ce gommage des Voltaire, Diderot, Montesquieu et autres probables ? Pourquoi seulement, dans le texte, ce livre de Rousseau, accompagné du *Mémorial de Sainte-Hélène* ? Et pourquoi, surtout, le vieux chirurgien-major, pourtant si fort du côté des livres, lui, l'homme d'action, a-t-il ainsi parlé des livres à Julien, après les avoir lus et après avoir vécu l'Histoire ? Relisons : « Le recueil des bulletins de la grande armée et le *Mémorial de Saint-Hélène* complétaient son Coran. Il se serait fait tuer pour ces trois ouvrages. *Jamais il ne crut en aucun autre.* D'après un mot du vieux chirurgien-major, il regardait *tous les autres livres* du monde comme *menteurs, et écrits par des fourbes pour avoir de l'avancement.* » Fermez le ban. L'homme qui a vu l'Empire et la Restauration sait ce que vaut l'aune des « Lumières », et le mépris pour les pékins (signalé par l'argot militaire : avoir de l'avancement) sous-tend un jugement sur la bourgeoisie et sur ses écrivains. Tous ces gens-là, à la différence de Rousseau et des braves demeurés fidèles (le vieux chirurgien-major a voté non à Buonaparte, comme le rappelle M. de Rênal), sont devenus des hommes de pouvoir, et leurs livres en sont devenus menteurs. Or n'oublions pas tout l'effort libéral, sous la Restauration, pour « réveiller » le XVIIIe siècle, pour y ressourcer un avenir. Avenir de qui ? Des filateurs et des drapiers de Verrières, adversaires, paraît-il (mais sur quels points ?) de M. de Rênal ? Quel intérêt ? Des naïfs pourront bien chercher des livres (Mathilde, par exemple, qui commence par voler *La Princesse de Babylone,* ou qui demande l'ouvrage de Smollet sur la Révolution anglaise, à la veille de Juillet). Mais le héros vrai et profond ? Pas plus que nulle femme, nul écrit, nulle culture, nulle bibliothèque n'est jamais là pour signifier l'avenir.

C'est ici que reparaît avec toute sa force l'argument déjà repéré : non seulement aux échecs de l'ambition et de l'option avenir dans le champ social Stendhal n'a jamais opposé l'image (ou la carrière mythique) du grand écrivain, mais surtout il n'a jamais cherché à organiser ses écrits en message cohérent, systématisé, trouvant, ayant trouvé ou devant trouver son sens dans une meilleure « adresse » aux lecteurs, à la postérité. Pour ce qui est des écrivains dans le roman, le petit Tanbeau du *Rouge* et surtout Dévelroy de *Leuwen,* avec ses trois voix à l'Académie, ses plans patients de carrière et son académicien qu'il soigne aux eaux, leur compte est vite réglé : ils ne sont que *d'autres* figures de l'universel « paraître », et nulle part nul génie dans sa mansarde, nul grand esprit transcendant aux « partis » n'annonce que la littérature et le métier de pensée puissent être autre chose un jour. Il n'y a même pas le moindre franc-tireur : Julien détruit ce qu'il a écrit et pour l'écriture, ne connaîtra plus que les lettres à la maréchale écrites sous la dictée d'un professionnel de la séduction. Quant à Malivert, si sa mutation en ingénieur, en inventeur, en savant n'eût pas semblé absolument impossible, il ne lui est attribué, du côté de l'écriture que quelques phrases cryptiques relatives à Armance : à la différence de ce qui se passera chez le Dominique de Fromentin, *jamais les graffitis chez Stendhal ne débouchent dans la littérature.* Et donc jamais nul littérateur ne montera sur la tour, sentinelle, pour s'adresser à l'avenir ou témoigner en sa faveur. La « classe pensante » de 1835 n'a pas accouché, dans le roman, de ses porte-parole ni de ses preuves spécifiques.

Pour ce qui est de l'œuvre comme ensemble un jour *construit,* et construit pour une nouvelle et meilleure lecture, il suffit de penser au Chateaubriand de 1826 avec sa *Préface générale* et son adresse à la « France nouvelle », au Balzac de *La Comédie humaine* avec son *Avant-propos* en 1843, au Victor Hugo de toujours, avec ses innombrables préfaces, manifestes, mises au point, regroupements, discours. La technique des *Œuvres complètes* et de leur présentation implique, avec un sens latent, l'idée d'un public susceptible, dans une sorte d'apothéose, de pouvoir un jour le recevoir vraiment : Cette toilette de la production et de l'écriture correspond au didactisme profond de tout un XIXe siècle qui, des essais et chaos de départ, pense toujours pouvoir passer au message achevé, au chef-d'œuvre aussi largement explicable que largement expliqué.

Mais Stendhal ? S'il est, pour lui, un avenir possible de conscience et de lucidité, il ne saurait s'agir que d'un avenir à « inventer » (au sens étymologique du terme) par des lecteurs de choix, jamais par des masses chapitrées et instruites. *Marginalia :* n'est-ce pas un peu le titre collectif, quelque peu élitiste, qui conviendrait le moins mal à cette œuvre où le *fragment* (que détestait tant Gustave Lanson) l'emporte de loin sur l'*opus* ?

L'œuvre de Stendhal est une trace infinie, jamais finie. Elle n'est, en aucun cas, une somme, une recherche, un spectacle, une célébration de quoi que ce soit. Mais est-il un avenir sans théorie, sans théorisation ? C'est ici qu'il faut, momentanément, sortir du texte.

Derrière Stendhal, en effet, à côté de lui et tout près en tout cas, se trouvent deux grandes lectures contemporaines de la réalité qui, chacune pour soi, disent ce qu'a de contradictoire la réalité nouvelle, à la fois objet mieux dominé et objet qui échappe, ou qui terrorise : la *statistique* et la *thermodynamique*. La première, en gros, dit la prise possible sur les choses, sur les événements ; la seconde, au contraire, dit que l'homme est à la tête de quelque chose de redoutable et qu'il est comme désarmé devant son propre « progrès ». Pour la statistique, les médiations sont relativement simples : Stendhal connaissait parfaitement les travaux de Charles Dupin *(Forces productives de la France,* 1827*)*, ses tables statistiques, sa fameuse carte qui repérait une France du Nord (développement connexe de l'instruction, de la scolarisation et de l'industrialisation), et une France du Midi (exactement tous les contraires, avec cet autre élément capital : c'est de la France sous-développée que provient le personnel politique, militaire, administratif, qui « monte » vers Paris). Pour la thermodynamique, le contact est loin d'être aussi direct et personnel ; il s'agit plutôt de convergences (par l'intermédiaire probable des idées d'Azaïs sur les compensations) : tous les dilemmes stendhaliens renvoient à la problématique d'une énergie qui, nécessairement, se détruit et détruit pour produire, d'une vie qui, au lieu de se refaire sans cesse comme dans la perspective traditionnelle (l'eau, le vent, les moulins), doit puiser quelque part (et ne pas remplacer) pour *faire* (le feu, appliqué à l'eau pour produire la vapeur, le bois, le charbon gaspillés, les pertes en cours de processus, la nécessité de piller quelque chose et quelque part pour avancer). Stendhal, ici, va dans le même sens que le Balzac de *La Peau de chagrin* (1831) et de l'énergie vitale : certaines choses ne se dépensent pas deux fois, et le désir implique la mort à quelque chose ou de quelque chose. Le progrès linéaire, que figurerait assez bien une droite orientée, nous emporte, s'il nous porte. Dès lors : avancer ou renoncer ? La machine à vapeur reine du monde d'*Armance* n'est pas une déesse-mère, une nourricière ; elle a des airs de danse macabre, comme les ambitions, comme les « industries » (aux multiples sens du terme) qu'elle génère et justifie. Octave ne commandera pas une machine à vapeur, parce que la machine à vapeur est enchaînée à la puissance bancaire et libérale, mais aussi parce que la machine à vapeur c'est le symbole, pour la mise en valeur de la vie, du renoncement à une certaine *gustation* éternellement régénératrice de la vie. On voit l'enjeu.

La statistique, en effet, outre une prise de possession rationnelle du réel, une compréhension renouvelée et approfondie, qui libère à jamais semble-t-il du vieil idéalisme théologique postulant le hasard, l'accidentel, le toujours contingent, c'est la possibilité de prévoir, d'organiser en fonction des connaissances nouvelles. Ainsi le jeune Balzac, dans la *Physiologie du mariage* (1829), propose-t-il des mesures anti-adultère qui résultent de la connaissance de ce qu'il appelle « le mécanisme des passions publiques » : Dupin lui a servi à prouver que le phénomène de l'amour extra-conjugal relève de nécessités sociales (le « marché » des célibataires et celui des mal mariées). Pour Stendhal, la statistique nourrit l'argumentation en faveur d'une *classe* de jeunes gens dont Julien Sorel n'est qu'une illustration, un exemple. La singularité du héros, ce que l'auteur investit en lui (mais aussi ce dont il se démarque par l'ironie) s'intègre aisément dans un plaidoyer : l'avenir, ici, semble pouvoir être justifié par une espèce de science sociale naissante. Reste à savoir pourquoi, dans ces conditions, Julien Sorel retourne, si l'on veut, à l'accident, à l'inclassable, pourquoi, au lieu de nourrir, *in fine,* une prophétie libératrice, il aboutit à une problématique solitaire et désolée de la lucidité : la peine de mort, seule, ne s'achète pas. On retrouve la thermodynamique et l'idée du désir qui tue, de l'énergie qui use et qui s'use du non-compensé. C'est que, justifié d'abord par la statistique et l'exemplarité qu'elle engendre, Julien ne se trouve aussi, proposés par l'Histoire *possible,* que des choix destructeurs de soi-même. Dès lors, Julien, du collectif, retourne à l'individu, de l'avenir justifié, au moins de l'entreprise comprise, à la solitude d'une conscience : ce n'est pas pour rien que son histoire ne trouve pas à se résoudre dans la victoire de Juillet. Son ambition, son désir l'ont conduit au bord de la pire des morts : l'absorption dans la bourgeoisie (fût-ce sous sa forme aristocratique : mais qui — voir p. 106 — condamnera Julien à mort ?). L'avenir, dès lors, un moment autorisé par la science des nombres, se trouve interdit par une appréciation correcte de la dynamique sociale : le rendement, l'efficacité supposent l'usure et, à terme, l'anéantissement. L'aboutissement, ce sera, dans *Leuwen,* l'extraordinaire passage où Lucien, inversant le propos, naguère, de Julien, dira que *le mot d'ordre, la consigne* sont de ne rien faire, de ne pas se faire remarquer, de *ne pas être.* Il avait fallu l'illusion momentanée de la fin de la Restauration, lorsque la cible était claire (la société restaurée) pour croire que la consigne, le mot d'ordre était « Aux armes » ! Il s'agit désormais de s'abstenir, de ne pas pousser les feux. La forge, pour Stendhal, ne sera jamais une image prométhéenne.

Ces deux visions interfèrent, bien entendu, avec de plus anciennes : celles de la terre (monde circulaire, monde des saisons, des retours ; monde de l'autosatisfaction des besoins, monde des ordres et des fonctions) et celle de l'« industrie » (monde vectoriel du travail et de l'initiative, monde des techniques et des inventions, des nouvelles forces sociales, des classes et de leurs luttes ; monde de l'échange et de sa « liberté », monde des individus). L'espace de la propriété immobilière, le temps de la propriété mobilière et de (Barnave dixit, en 1792) sa « démocratie », s'étaient déjà affrontés dans les pratiques politiques et dans les imaginaires. Ils avaient enfanté les deux thématiques adverses du Salut (par le retour, la résurrection, la prévoyance, le mérite inscrit dans le cercle du réel) et de l'Histoire (par la libération, l'entreprise, la confiance dans la dynamique profonde des classes nouvelles et de leur usage des techniques et de la science). La statistique, dans un premier temps, semble devoir conforter l'imaginaire du progrès, l'imaginaire de la *meilleure* bourgeoisie (celle qui n'est pas encore rancie en propriété, en stabilisations conservatrices). Mais la thermodynamique, dans un second temps, surtout appliquée au réel social (la peau de chagrin du bonheur ; la crainte récurrente de voir les révolutions engendrer la ruine universelle du tissu de l'Histoire : le lâcher tout redoutable soit des intérêts anarchiques soit des énergies populaires purement destructrices) va favoriser une sorte de retour à l'univers circulaire : retrouver l'abri, le repos, les images maternelles, loin des tumultes ; revenir à la terre, aux saisons ; retrouver le lieu clos, fuir l'espace empoisonné où se joue désormais, de manière sauvage, la « liberté » d'un échange (revoir ici les analyses fondamentales de Braudel) tournant au monopole, engendrant les nouvelles féodalités, bloquant à son tour la vie et truquant le mécanisme du monde. Et, de plus, quel autre monde envisager ? *Quel autre avenir ?* Azaïs, dans son « système des compensations », imaginait que les sociétés devaient mettre en place des mécanismes autostabilisateurs (comme la Charte de 1814, puis celle de 1830) pour que les forces d'*expansion* n'occupent ni tout l'espace ni tout le temps ; c'était ce qu'il appelait les forces de *conservation*, dans un sens non pas stupidement réactionnaire ou peureux, mais dans un sens de dynamisation et d'organisation tout à la fois. Le même fantasme politique se retrouve, au fond, chez Saint-Simon et chez Fourier, et il ne s'agit pas « seulement » d'une crainte typiquement « bourgeoise éclairée » de voir déraper l'Histoire : l' « anarchie » est autant dans la concurrence sauvage et dans le libéralisme fou que dans les menaces « populaires ». Non : il s'agit bien de la crainte engendrée par une Histoire libérée, mais qui consomme de l'Homme, et qui ne lance, n'a lancé, vers un avenir que pour détruire, au mieux mettre en péril Et nous voici renvoyés aux raisons profondes des « non-avenir » stendhalien.

Ces raisons profondes sont assez consternantes pour une certaine tradition « démocratique » et « progressiste », qui a tant voulu se faire, et se refaire, la Révolution française dont elle avait besoin. Toute la téléologie politique du XIXe siècle républicain (notamment au niveau de l'enseignement de l'histoire à l'école primaire), puis celle d'un certain socialisme, qui ne parvenait qu'assez mal, sur ce point, à concilier la sévère méthodologie de Marx et les nécessités purement politiques et tactiques d'une vectorialisation assurante et mobilisatrice de l'Histoire universelle, ont voulu voir dans la Révolution Française ses signes et ses promesses plus que ses réalités : la Révolution, printemps des peuples et de l'Histoire, garante d'autres printemps, d'autres victoires. Or que voit, que dit Henri Beyle dès les premières pages de son *Journal* (il a dix-huit ans) et dès les premières lettres à Pauline ? La Révolution, et sa suite logique l'Empire, n'ont nullement ouvert un avenir, donné à lire un Universel. Tout au contraire : la Révolution et l'Empire n'ont fait que retrouver, à la fois, et conforter les anciennes habitudes et structures monarchiques ; la France est « *demeurée monarchique* », dit le Journal ; la France (en 1809) est une « patrie monarchique ». C'est-à-dire que tout continue d'y fonctionner sur la base du clientélisme, de l'ambition, de la courtisanerie, des réseaux d'influence, du paraître. On s'est débarrassé de gêneurs, mais les nouveaux maîtres bourgeois (toutes les lettres à Pauline le disent) recommencent, à un niveau plus « libre » (mais de quelle liberté ?), l'Ancien Régime. De plus la Révolution a mis à la mode le « sérieux » le plus sinistre. Non pas le vrai sérieux, celui de la science et de la vérité, mais l'autre, celui des bourgeois solennels, ennemis de la joie et de la vie. L'équivoque de l'habit noir et du thème du sérieux, plus tard, viendra de là :

habit noir de l'intellectuel et du mérite, ou habit noir du
« globiste » et de Guizot ? Sérieux des jeunes gens de
1825, que l'on oppose à la frivolité des hommes de
Cour ? Ou sérieux des petits carriéristes à la Dévelroy, à
quoi on tente d'opposer une fantaisie, une insolence,
une liberté qui iront former le dandysme ? Tout cela est
en formation dans les années obscures qui précèdent
1814. Quel avenir y avait-il d'inscrit quelque part pour
le jeune Henry Brûlard dans ce Grenoble révolutionné,
dans cette Ecole Centrale où l'on faisait (même en
mathématiques) la redécouverte de l'hypocrisie, dans
ces salons où se pavanaient et manœuvraient de nouveaux maîtres ? N'oublions jamais que cette jeune
femme mordue à la joue par Henry Brûlard à la
première ligne est l'épouse d'un député à la Consti-
tuante. Dès lors, on retrouve bien la statistique et la loi
de la perte de l'énergie. Il est une raison profonde et
connaissable des choses ; elle permet, notamment, la
mise en place de l'industrie (voir, sous la Restauration,
comment *Le Globe* félicite Charles Dupin de donner,
peut-être, à la France la chance d'être à son tour une
Angleterre, un pays moderne et qui trouverait alors,
pacifiquement, les chemins de la grandeur). Mais cette
raison profonde des choses, cette logique, ne profitent
nullement à l'accomplissement de l'Homme, au Bonheur. Tout au contraire, la raison profonde des choses
livre les choses et les êtres (elle est donc, caricaturale-
ment, la raison profonde des êtres, la raison profonde
du gouvernement des hommes, de leur exploitation, à
défaut du gouvernement des choses : l'opposition fonctionne alors parfaitement chez les saint-simoniens) à
une sorte de folie, à la laideur. A l'égoïsme bourgeois ?
Certes. Mais, peut-être plus profondément : au *pouvoir,* à cette volonté d'être aux dépens des autres qui
pervertit tout, et d'abord le désir. Dès lors, nous
sommes loin de la simple « psychologie » et de la
simple « sensibilité » beylienne, et nous en sommes
plus près : la Révolution française, en ses formes
successives (1789, mais aussi 1814, puis 1830), si elle a,
un moment surtout, changé tant de choses, n'aurait-elle

finalement que retrempé un Pouvoir qui vacillait, un Pouvoir de la Société sur l'Homme, des hommes sur les femmes, des citadins sur les paysans, de l'argent sur l'intelligence, de l'Etat sur les cœurs. Pourquoi cette épigraphe de Hobbes en tête du *Rouge*? Pourquoi tous ces conseils à Pauline de lire Hobbes? Une idée se dessine : sauf en quelques lieux encore préservés (l'Italie, une certaine Italie...), l'homme, loup pour l'homme, a trouvé des moyens *nouveaux* de l'être dans la modernisation révolutionnaire. Pas drôle? Pas drôle. Le vieil homme, certes, ne saurait mourir d'un coup? Mais est-il sûr qu'il s'agisse du vieil homme? Et est-il sûr que cette relecture de Hobbes par Stendhal puisse n'être interprétée que comme une réaction, exclusivement, à la révolution « bourgeoise »? Nous ne saurions, aujourd'hui, éviter la question : science sociale, mais aussi bruit et fureur de l'Histoire. *Stendhal et l'avenir* devient *notre* problème de l'avenir.

Il faut bien, en effet, à partir de tout cela, faire le point. Ou essayer.

Et d'abord une constatation : Stendhal n'est pas devenu un auteur « populaire » au sens d'un auteur « de masse ».

Le bicentenaire se célèbre entre spécialistes et fervents, anciens, nouveaux. Comme tous les anniversaires de ce genre. Le nouveau public n'est pas venu, n'est pas né. Le cinéma n'a « popularisé » Stendhal, le plus souvent, qu'au pire sens du terme. Seul le *Lucien Leuwen* d'Autant-Lara et Bost, il y a quelques années, avait tenté, à la télévision, une réécriture-relecture de qualité, et efficace. Mais, pour le reste, à part une marque de rouge à lèvres... Que s'est-il passé? Ou qu'est-ce qui ne s'est pas passé?

Il y a d'abord, certes, les obstacles à toute culture : les difficultés de la vie, la sous-formation, le miroir aux alouettes de tant de choses. Hugo lui-même, dont arrive un autre anniversaire retentissant, ne demeure-t-il pas un nom beaucoup plus que des textes familiers et *lus ?*

Il y a ensuite un certain vieillissement dû à l'éloignement, qui s'aggrave, d'un certain XIXe siècle. Il est sûr que, pour comprendre l'enjeu du texte stendhalien, il faut posséder et dominer des connaissances précises et nombreuses sur une époque qui est (du moins à un certain niveau) de moins en moins la nôtre : la Restauration, l'ultracisme, le libéralisme, puis le Juste-Milieu, autant de réalités devenues des absences. Comment comprendre, aujourd'hui, les problèmes d'un jeune intellectuel dans la France de 1827 à 1832 ? Notre actualité politique s'est déconnectée de toutes ces choses, encore fortement vivantes pour un lecteur disons de 1880, et même de 1920 : par la troisième République et par le second Empire, on touchait encore à une problématique concrète. Mais aujourd'hui ?

Il y a enfin le langage propre de Stendhal, son aristocratisme, son inaptitude totale au langage de masse (ou supposé tel). Jamais Stendhal ne s'est adressé à autre chose qu'à des individus, et à des individus formant un public très restreint, dans la continuation du XVIIIe siècle et de l'époque des « doctrinaires ». Il n'a jamais tenté, lui, de prendre le virage de la littérature « populaire ». Il n'a jamais tenu compte du roman-feuilleton, de la presse à bon marché, des nouveaux modes de communication de l'écrit. Girardin, la bibliothèque Charpentier : autant de révolutions pour lui jamais advenues, et cela d'abord pour des raisons de simple chronologie. Stendhal a donc continué d'écrire dans son coin pour un public sans doute pas plus large que celui de Cabanis, de Nodier ou de Charles Dupin. N'oublions pas que depuis son *Courrier anglais* de la Restauration, il a tout ignoré du journalisme moderne, dont le modèle pour lui dut demeurer cet admirable *Globe* des années 1824 et suivantes, qui s'adressait à trois cents personnes à Paris. Dès lors, pas d'affiches Stendhal, pas de gros tirages, pas d'adaptation à cette nouvelle « France nouvelle » à qui l'on devait, un jour, vendre *Les Misérables* ou les *Rougon-Macquart*. Le public stendhalien (et le mode d'écriture qu'il a engendré) ressemble assez à celui de Milan en 1796 : une immense population illettrée « en bas », et, « en haut », une étroite société qui se reconnaît dans quelques textes rares et subtils. Comment faire aller cela avec le siècle de Delly, de Guy des Cars et des intellocrates ?

Mais quand on a dit tout ce qui vient d'être dit, on n'a encore pas dit grand-chose. On n'a touché que l'écorce. Si Stendhal, en effet, n'a pu devenir un auteur populaire (et même s'il n'est pas impossible d'attirer l'attention de lecteurs « populaires » — mais quel mot ! — sur l'extrême importance de ses analyses), c'est que le contenu même de « populaire » fait obstacle et problème. Beyle pensait, sans doute, que son public futur naîtrait d'un élargissement insensible de son *happy few* immédiat : les esprits libres deviendraient plus nombreux à mesure que reculeraient les préjugés, le « paraître » ; il s'agissait d'une sorte d'élargissement censitaire du champ de réception, ce qui, de son point de vue, excluait toute concession, toute démagogie : on ne sauterait pas, d'un coup, par-dessus les catégories intermédiaires, à un auditoire immense ; le roman ne deviendrait pas tribune ; simplement il convaincrait un nombre plus élevé d'hommes plus éclairés. Or, parlons franc : ce public d'élite élargi, quel est-il ? Où est-il aujourd'hui ? Sans doute dans les universités et chez tous ceux qui font métier de lire les textes. Mais, par exemple, et il faut lâcher le mot, les couches moyennes, les cadres, les agités de l'informatique et de l'efficacité, ces couches intermédiaires qui ne se sont pas ralliées à la classe ouvrière, qui sont largement reparties vers leurs mirages de solidarité vers le haut ? Est-ce qu'ils lisent Stendhal, les professionnels du cash-flow et de la fameuse « motivation » par les hauts salaires ? Là où Stendhal attendait une nouvelle classe moyenne de capacités intellectuelles, nous avons eu cette réalité totalement inattendue, et longtemps mal saisie, d'exécutants supérieurs-consommateurs supérieurs. Monsieur Menu peut-il lire Stendhal ? Il ne s'agit de renvoyer personne dans nul enfer, mais enfin nos animateurs du *Point,* de *Lui* et de *L'Expansion,* s'ils sont capables, à l'occasion, d'entendre un discours efficace, responsable et programmatique « de gauche », et même marxisant, ne sont absolument pas capables, *en corps,* de lire ces analyses décapantes sur le pouvoir, sur ses relais, sur ses formes nouvelles dans la modernité, sur ces nouvelles filières de la dépendance, et de l'illusion du pouvoir. Il n'est pas question de renoncer. Mais enfin, l'Histoire a produit là un public dont l'esprit est certes *ailleurs.* La technocratisation des classes moyennes, le surgissement massif des ingénieurs et des techniciens dans un champ longtemps dominé par les médecins, les écrivains, les avocats ou les administrateurs formés à l'école de l' « humanisme », la relative autonomisation d'une technologie qui s'accommode fort bien du cadre libéral de nos sociétés « industrielles », tout cela explique sans doute que Stendhal soit aussi éloigné de ces gens que saint Thomas d'Aquin. Chasse au bonheur, ou chasse au kitsch ? Vérité de soi, ou déguisement (au choix) macho, jeune loup, petit chef, tombeur, lascar, affranchi, rouleur de diverses mécaniques ? Je ne crois pas caricaturer ni calomnier. Ce qu'on appellerait (si l'on osait) la vérole de la démerde (et qui s'est parfaitement installé dans le prolongement d'un certain esprit soixante-huitard auquel on peut très bien appliquer, en l'améliorant, la formule d'Edgar Morin : il y a toujours un risque, pour le libertaire à (re)tomber dans le libéralisme) a, de nouveau, envahi la société française, et Raymond Barre savait bien qu'il avait des interlocuteurs lorsqu'il conseillait aux chômeurs de fonder leur propre entreprise. Recul *provisoire,* contradictoire, des « valeurs » humaines collectives, du rationalisme ? Et recul d'autant plus contradictoire que les Français semblent avoir choisi le progrès ? Il faudra un peu de temps pour juger de cette contradiction ou non. Mais, pour l'essentiel, les dépérissements qu'attendait Stendhal ne se sont pas produits. Comme la Révolution française, nos diverses révolutions (n'est-ce rien que de tutoyer aujourd'hui les clientes chez les coiffeurs de Saint-Germain-des-Prés ?) n'ont pas fait disparaître les pourvoirs et les fétiches, mais les ont renforcés. Et donc elles ont redonné du souffle à la course au pouvoir et aux fétiches. Même chez les « intellectuels », tels qu'ils sont (et rarement ne sont pas) devenus.

Ce qui, chez Stendhal, impliquait le plus fortement un « avenir », c'était bien la classe pensante, dont on a pu penser, longtemps, que, nécessairement orpheline en 1825 et jusqu'au surgissement de l'idée socialiste, elle sortirait de son isolement, de son impuissance et de ses fantasmes dans une Histoire plus complète ayant, enfin, mûri. Qui n'a, et le plus souvent, pour de très honorables et compréhensibles raisons, brodé sur ce thème : l'alliance des intellectuels et du Peuple, impossible tant qu'il n'y avait pas de prolétariat (c'est-à-dire tant qu'il n'y avait pas d'*idée* de prolétariat, et pas de *parti(s)* identifié(s) à plus ou moins long terme dans le prolétariat), cette alliance, donc, était un jour devenue possible, pensable ; on pouvait dès lors lire les analyses de Stendhal comme correspondant à une Histoire qu'on voyait encore balbutier. L'Histoire, aujourd'hui, a-t-elle parlé ? Ce qu'elle a dit, en tout cas, n'est pas clair, et à l'Histoire qui balbutie on serait aujourd'hui, souvent, tenté d'ajouter celle qui bafouille. Car enfin : cette « classe pensante », avant-garde de ce qu'avait de meilleur la classe moyenne (les gens à six mille livres de rente), non seulement qu'est-elle — oui ! — devenue, mais que sont devenues ses fameuses « chances » d'alliance et de ressourcement dans un monde ayant trouvé un nouveau souffle révolutionnaire (ou simplement critique) ? La « classe pensante » elle-même subsiste, en ceci que des minorités exigeantes, à partir de leurs pratiques et de leurs métiers, ayant le sens de l'Histoire (mais pas, pour autant, disposées à se conformer à un prétendu « sens » de l'Histoire), encore aujourd'hui affirment, à partir de leur pratique, de leur métier, toujours, à partir des exigences spécifiques qui en naissent et proviennent, une incontestable spécificité, que nul n'a le droit de récuser sous le prétexte qu'elle ne serait que l'image honteuse et déguisée d'une vieille solidarité médiocratique. Il existe certes souvent des racines petites-bourgeoises à l'intellectualité comme expression et revendication de soi ; mais outre que ces racines font partie d'un réel social qu'il ne faut pas mépriser mais comprendre et utiliser, comment ne pas voir que tous ces « intellectuels » (dont un si grand nombre est passé par le communisme) représentent bien l'une de ces relatives et réelles autonomies de la superstructure que tout le monde aujourd'hui admet. La spécificité des intellectuels de ce type n'a pas disparu ; elle s'est même comme acérée de par un double refus chez les meilleurs : le refus de l'intellocratie d'un côté, le refus de la diplomatie d'appareil de l'autre. Oui, la « classe pensante » (comme disait Stendhal) subsiste, non pas nombril du monde, mais réalité toujours sans lieu concret, ce qui ne l'empêche nullement de signifier. Seulement, cette « classe pensante », sa base sociale, son espace possible de rayonnement et de premier développement, non seulement a changé, mais, à la limite, existe de moins en moins. Les nouvelles couches moyennes (totalement inimaginables au XIXᵉ siècle, à peine conçues par Marx, et très récemment entrées dans le champ d'observation et la sociologie marxiste) sont de moins en moins sensibles aux charmes de la pensée, aux valeurs de vérité, à tout ce qui peut fonder ce que Stendhal encore appelait l'admiration. Les sirènes, par contre, de la « distinction » (voir sur ce point les travaux importants et presque sans ancêtres de Pierre Bourdieu) qui sont exactement celles du « paroistre » stendhalien lui parlent de plus en plus, engendrant, à mesure que passe le temps, ce que j'appellerais volontiers une sorte de bovarysme rastaquouère : tout ce qu'on voudrait avoir et qu'on n'aura pas, tout ce qu'on a et qui s'use, plus une roublardise généralisée, qui dissimule en fait des abîmes de solitude. Par ailleurs, la « classe pensante », sur une autre de ses marges, a donné naissance à cette nouvelle « camaraderie », à ce nouveau « charlatanisme », pour parler le langage de l'époque de Beyle sous la Restauration (voir les textes alors célèbres de Latouche et de Scribe) : les intellocrates, les réseaux et groupes d'influence, d'autopublication et d'autoreproduction. Les « intellocrates » de Hamon et Rothman furent souvent et d'abord, certes, des anticommunistes habiles qui surent répondre à un besoin. Mais est-ce bien la seule explication ? Ne craignons pas d'élargir : nos sociétés modernes connaissent bien et de plus en plus ce problème des « élites » et des « nomenclatures », ces gens qui gagnent toujours, ces endroits où il pleut toujours parce que c'est déjà mouillé. Or ce phénomène des élites et des nomenclatures, nous savons qu'il ne s'est pas *résorbé,* mais qu'il s'est *développé*. Relisons ce qu'écrivait *Le Globe* dans son premier numéro du 15 septembre 1824 :

« La critique est devenue une spéculation d'auteurs, et un commerce de librairie. Chaque coterie a sa feuille ; sous le voile de l'anonyme, chacun y loue son livre ou le fait louer par un secrétaire ou un disciple ; d'autres fois c'est un doux échange de services avec un ami, le public, qui n'est pas dans le secret, croit à un éloge ou quelquefois la main paternelle, par surcroît de finesse et ruse de calcul, veut bien jeter çà et là une censure de bienveillance qui le relève et fasse valoir, comme on dit. Le plus souvent, l'argent à la main, et l'article rédigé par un faiseur de sa maison, le libraire commande à dix feuilles à la fois. Chaque matin, la France est étourdie de certains noms jeunes ou vieux, qui doivent rappeler la gloire des beaux siècles ; et cependant de grandes compositions, des travaux de conscience et d'utilité publique, obtiennent à grand-peine l'annonce de politesse pour deux exemplaires ; le jeune homme modeste et inconnu est repoussé dans l'obscurité qui désespère, ou bien on l'enrôle, et il se perd en prenant livrée. Ainsi la justice littéraire est à l'encan, et il faudrait désespérer de la critique si, par bonheur, la raison et le goût n'étaient au-dessus des atteintes de quelques traitants, ou de quelques meneurs de partis… »

Oui : qu'est-ce, ici, qui a *bougé* ? Qu'est-ce qui, sur ce point capital, ne s'est pas, au contraire, aggravé ? Et pourquoi ? Société marchande, et de plus en plus, avec la concentration du capital ? Sans aucun doute. Mais les diverses instances académiques et autres Sociétés des Ecrivains, là où il n'y a plus cependant de société marchande, fonctionnent-elles vraiment autrement ? L'ombre de l'Etat, comme forme de plus en plus froide, comme forme de plus en plus autonome et spécifique, l'ombre du Pouvoir, avec toutes les intériorisations possibles chez les individus, les pires comme les meilleures, ne voilà-t-il pas ce qui, aujourd'hui, nous menace peut-être infiniment plus qu'au temps de Stendhal, alors que l'Etat était encore faible et le capital dispersé ? Les écrivains ingénieurs des âmes ou la littérature comme petite vis de la Révolution : quel bénéfice, oui, pour la « classe pensante » ?

Alors ? Désespoir ? En aucune façon. Lucidité. Recherche. Interrogation. Nécessité, donc, de laisser tout dire, de ne rien bloquer. Si l'on refuse de confondre l'élaboration de la culture et la diffusion de la culture (les légitimités du second ordre de problèmes ont servi et peuvent servir trop souvent à en inférer d'illusoires et de révoltantes dans le premier), l'image stendhalienne de l'avenir, la pratique écrite de l'avenir par Stendhal débouche directement sur une question redoutable, mais qu'il faut bien poser.

La relecture de Stendhal m'interroge :

Le refus d'un progrès bourgeois *était-il le refus de* tout *progrès, de tout* avenir *? Existait-il, existe-t-il un progrès, un avenir, de modalités et de nature fondamentalement différentes de celles qu'a connues le XIXᵉ siècle en proie au libéralisme avancé ? Existe-t-il un progrès, un avenir indépendants, indemnes, de l'Etat, des Pouvoirs, des appareils, c'est-à-dire de dominations qui peuvent très bien survivre à la liquidation des vieilles déterminations économiques repérées par Marx et le marxisme ? Tout avenir et tout progrès ne passent-ils pas par les polices d'Etat, les rentes de situation, les nomen-*

clatures, les responsabilités devenues irresponsables, les réalismes devenus irréalistes, les mégalomanies népotiques, les paranoïa du Pouvoir ? N'y a-t-il pas là tout un ensemble de réalité, et dont la connaissance commence seulement ? Le Pouvoir et l'Etat sont les plus subtils moyens de ne pas se sentir orphelin. Or, l'homme nu (c'est-à-dire dénudé, et donc toujours par quelque chose ou par quelqu'un, nécessairement par un impérialisme) l'homme nu, l'homme dénudé a besoin de se vêtir et d'avoir chaud. Alors, il met des uniformes, ou des casquettes. Les casquettes, dans un premier temps, protègent contre les courants d'air ; dans un second elles empêchent d'avoir des idées. Y a-t-il moins de casquettes aujourd'hui qu'au XIXe siècle ? Les sociétés, en leur progrès, peuvent-elles s'épurer de leurs pesanteurs d'embrigadement ? N'est-ce pas tout mouvement de l'Histoire qui implique un formidable phénomène de perte, de déchet ? L'avenir, tel que naïvement l'avait conceptualisé l'idéologie du progrès, peut-il survivre, comme concept, à une expérience enrichie et complexifiée de l'Histoire ? C'est la première question.

La seconde n'est pas plus confortable, ni confortante. On a pu dire et penser, dans des conditions historiques précises, et au niveau alors possible de conscience, qu'il y avait des possibilités pour la « classe pensante » sinon du côté du peuple puis du prolétariat empiriques, du moins chez ceux qui le représentent, parlent en son nom, et en qui à l'occasion il se reconnaît. La difficulté se révèle des plus sérieuses. Une lecture disons « marxiste » de Stendhal ne s'est pas révélée impossible : tant que Stendhal analysait la réalité du XIXe siècle et tant que celle-ci pouvait apparaître comme à la fois scandaleuse et profondément différente de la nôtre, c'est-à-dire de celle que nous préparions et attentions (révolution mondiale, retour inévitable de la France « à gauche »), le discours progressiste et marxiste a très bien pu s'accommoder de Stendhal, et accommoder Stendhal. Stendhal écrivait dans et par une Histoire immature. Nous avions plus de chance que lui, comme nous avions plus de chance que Géricault à la dérive sur la route des Flandres

(voir Aragon dans La Semaine Sainte, *et l'interprétation
que j'en avais moi-même donnée en 1973 dans* Lectures
du réel*). Le non-avenir relatif de l'univers stendhalien se
trouvait relayé par notre avenir, que garantissait tout un
discours politique. Mais peut-on encore vraiment penser
ainsi ? N'est-il pas aujourd'hui de bonne méthode de
reconnaître de quelles impasses, de quelles apories est
faite notre Histoire ? Pour parler ici en marxiste, ne faut-
il pas revenir à une certaine séparation du théorique et du
politique, de la connaissance et de la stratégie, encore
plus de la tactique ? Non que la pensée ne doive viser
l'action à l'entreprise, mais le refus des téléologies
(toujours justificatives des appareils et des Etats), n'est-
il pas le degré zéro de la scientificité ? La modernité,
c'est-à-dire la manière difficile dont est vécue la modernisation, est peut-être cette intuition nouvelle que tout projet
et toute entreprise révolutionnaire (donc postulant l'avenir) impliquent, avec le renforcement des Pouvoirs, la
destruction (au moins la mise en cause) de toute une part
d'être à laquelle tiennent les hommes ; toute révolution
arase et unifie, en même temps qu'elle soumet. On ne
pensait pas ainsi tant qu'il paraissait évident qu'à sortir
de la société marchande et de ses fétiches on sortirait
nécessairement de la dépendance. C'est sur ce point sans
doute que le marxisme s'était laissé quelque peu grigno-
ter par les vieilles visions du progressisme bourgeois.
Stendhal ne peut-il nous aider à radicaliser comme une
sorte de nouveau retour à Marx ? Et la meilleure chance
d'un avenir n'est-elle pas, d'abord, de tordre le cou à ce
vieux prophétisme qui demeure si profondément au cœur
de la pensée politique ? La totale* laïcité *de Stendhal, son
absence radicale de tout sens du* sacré *sont, sur ce point,
d'une parfaite actualité. »*

P. B.

essentiel

LE MARXISME AU PLURIEL
La collection de poche des Éditions Sociales

Achevé d'imprimer en août 1983
sur presse CAMERON
dans les ateliers de la S.E.P.C.
à Saint-Amand-Montrond (Cher)
pour le compte de Messidor/Éditions sociales
146, rue du Faubourg Poissonnière
75010 Paris

N° d'Édition : 2094. N° d'Impression : 1675-1194.
Dépôt légal : août 1983.